나를 지키는 중입니다

JAPAN STAFF

만화 이츠카 | 디자인 기쿠치 유 | 본문DTP 아라키 코우키 | 구성 아베 쿠미코

나를 지키는 중입니다
나다운 삶을 만들기 위한 청소년 마음 공부법

초판 1쇄 펴냄 2021년 7월 12일
　　4쇄 펴냄 2022년 10월 31일

지은이 나가누마 무츠오
옮긴이 김지윤

펴낸이 고영은 박미숙
펴낸곳 뜨인돌출판(주) | 출판등록 1994.10.11.(제406-251002011000185호)
주소 10881 경기도 파주시 회동길 337-9
홈페이지 www.ddstone.com | 블로그 blog.naver.com/ddstone1994
페이스북 www.facebook.com/ddstone1994 | 인스타그램 @ddstone_books
대표전화 02-337-5252 | 팩스 031-947-5868

ISBN 978-89-5807-842-5 43180

나를 지키는 중입니다

나다운 삶을 만들기 위한 청소년 마음 공부법

나가누마 무츠오 지음

김지윤 옮김

뜨인돌

들어가며

"위를 한번 쳐다보세요."

제가 사람들에게 자주 하는 말입니다. 막다른 길에 다다랐다는 생각이 들면 하늘을 올려다보세요. 사방이 막힌 것 같아도 하늘은 활짝 열려 있습니다. 그러니 위를 쳐다보며 점프해 봅시다. 도망치고 싶을 때는 위를 향해서 도망치면 돼요. 이 책은 여러분에게 위를 향해 한 걸음 내디딜 용기를 줄 겁니다. 저는 특히 다음과 같은 상황에 처한 청소년들이 읽기를 바라는 마음으로 이 책을 썼습니다.

- 마음을 복잡하게 만들고 힘들게 하는 일 때문에 우울하다. 때로는 우울한 기분에 짓눌릴 것 같다
- 아침에 일어나면 '또 하루가 시작됐구나' 하는 생각에 침울해진다

☐ 언젠가부터 웃지 못하게 됐다

☐ 나를 이해해 주는 사람이 없어서 혼자라는 생각이 든다

저는 정신과 클리닉을 운영하는 의사입니다. 우리 병원에는 마음속 깊은 곳에 있는 고민이 병으로 발전한 사람들이 방문합니다. 필요에 따라서는 약으로 치료하기도 하지만, 저는 약에 의존하지 않는 편이 좋다고 생각합니다. 그래서 가능하면 약을 쓰지 않겠다는 기본 방침을 세우고 각 사람에게 맞는 치료 방법을 찾고 있습니다.

마음의 문제는 스스로 고치겠다고 마음먹지 않으면 치료하기 어렵습니다. 무엇보다 '고치고 말겠다!'라는 자신의 강한 의지가 필요합니다. 저는 마음의 문제를 안고 있는 이들에게 '지식' '마음가짐' '행동' 이 3가지가 중요하다고 말합니다. 본인이 이해하지 못하면 함께 온 보호자에게 다음과 같이 일러둡니다.

① 문제를 정확히 들여다보고 '왜 이렇게 됐을까?' '고치려면 어떤 방법이 필요할까?'를 올바로 이해하기

2 누군가가 해결해 주기를 바라지 말고 스스로 치료하기로 마음먹기

3 치료에 적극적으로 동참하기

지식을 얻고 나면 '그렇구나. 이렇게 하면 되는구나!' 하고 깨닫게 됩니다. 모르기 때문에 아무것도 하지 못하는 경우도 상당히 많습니다.

정신과 클리닉을 찾아온 사람의 마음은 막다른 골목에 몰려 있습니다. 그렇다면 막다른 골목에 몰리기 전에 그들은 스스로 어떤 시도를 해 봤을까요? 적어도 책이나 인터넷에서 자신의 문제에 대한 지식을 얻으려고는 했을까요? 안타깝지만 그런 시도조차 하지 않는 사람들도 있습니다. 스스로 해결하기를 포기해 버린 것이지요. 의사를 찾아가면 마법처럼 고쳐 줄 거라고 믿고 있는지도 모릅니다. 안타깝게도 그런 자세로는 좋아질 수 없습니다. 하지만 누군가가 막연히 해결해 주기만을 바라던 사람도 일단 지식이 생기면 자신의 문제를 대하는 자세가 달라집니다. 또 자세가 달라지면 저와 같은 의사와 의논할 수 있고, 결정된 방침을 따를

수 있지요.

위를 향해 뛰는 방법과 행동하는 요령은 여러 가지가 있습니다. "지금과 같은 환경에 있으면 언젠가는 가족들에게 짓눌리고 말 겁니다. 가족에게서 벗어날 방법을 찾아보세요." 제가 이렇게 말했더니 집을 나와 자립한 사람도 있습니다.

한번은 먼 도시에 사는 어떤 분이 연락해 "마음이 찢겨나가 너덜너덜해진 것 같아요. 이제 지쳤습니다"라고 하길래 "제가 사는 곳은 자연환경이 참 좋아요. 맛있는 음식도 많고요"라고 이야기한 적이 있습니다. 그랬더니 그는 회사에 장기 휴가를 신청하고 제가 있는 곳까지 날아왔습니다. 그는 한 달 정도 대자연에서 느긋하게 지내고는 몸과 마음의 건강을 회복하고 돌아갔습니다.

마음가짐과 자세를 달리하라는 말은 어깨에 힘을 주고 전투태세를 갖추라는 뜻이 아닙니다. 어떻게 하면 자신을 편안하게 만들 수 있을지 마음의 소리를 듣고 한 걸음 내디디라는 말입니다. 행동으로 옮기면 상황이 달라집니다.

이 책은 총 2부로 구성돼 있습니다. 1부(1~4장)는 '지식편'입니다. 삶이 힘겨운 여러분이 알았으면 하는 지식을 모왔습니다. 2부(5~8장)는 '도전 편'입니다. 어떤 마음가짐으로 어떻게 행동하면 상황을 극복할 수 있는지 구체적인 방법을 정리했습니다.

마음에 구멍이 뚫리기 직전인가요? 지금부터라도 마음을 스스로 돌본다면 편안해질 수 있습니다. 삶이 쉬워집니다. 그러니 이 책을 읽고 작은 것 하나라도 좋으니 실천해 보기를 바랍니다. 작은 걸음이라도 한 걸음 내딛기를 바랍니다. 위를 향해 뛰어 보기를 바랍니다.

여러분이 진심으로 웃을 수 있기를, 그리고 지금보다 편안하고 즐겁게 살 수 있기를 진심으로 바랍니다.

목차

1부. 지식 편

삶이 힘겨운 4가지 이유

2부. 도전 편

나답게 살아가기 위한
4가지 행동 습관

삶이 힘겨운
4가지 이유

1

없던 병도 만드는
스트레스

스트레스란 무엇일까?

우선 누구나 알고 있는 스트레스라는 개념을 다시 인식하는 것부터 시작합시다. 스트레스는 우리가 평소에 별생각 없이 사용하는 단어지요. 여러분은 어떤 뜻으로 사용하나요? 괴로운 일, 긴장되는 일, 압박을 느끼는 일, 불안하게 만드는 일을 마주할 때 사용하나요?

스트레스를 받는 상태란 어떤 자극에 의해서 몸과 마음에 과부하가 걸린 상태를 뜻합니다. 여기서 알아 두어야 할 것은 마음뿐만 아니라 몸에도 과부하가 걸린다는 사실입니다. 스트레스는 몸과 마음 모두에 나타납니다.

동그란 풍선이 있다고 가정해 볼까요? 풍선의 표면을 누르면 움푹 들어가며 모양이 변형됩니다. 이것이 바로 스트레스를 받은 상태입니다. 이것을 자극에 대한 스트레스 반응이라고 말합니다. 이때 밖에서 누르는 힘, 즉 자극을 '스트레서(stressor)'라고 하고요.

스트레서는 한둘이 아닙니다. 어쩌면 지금 여러분은 이곳저곳 눌린 풍선 같은 상태일지도 모릅니다. 더는 견디지 못하고 '펑!' 하고 터지지 않으려면 대책을 마련해야 합니다.

그러기 위해서는 먼저 스트레스가 어떤 것이고, 왜 생기는 지부터 알아야겠지요?

다양한 종류의 스트레서

어떤 스트레서가 있는지 살펴볼까요? 청소년에게는 다음 과 같은 요인이 스트레서가 되기 쉽습니다.

신체적 스트레서
사춘기 무렵에 나타나는 신체적인 변화, 마음에 들지 않 는 외모, 컨디션 저하, 수면 부족 등

학교생활 스트레서
싫어하는 과목, 낮은 성적, 진로 불안, 친구 관계, 이성 관 계 등

가정 스트레서
가족 관계, 공부 강요, 게임이나 SNS 관련 문제, 부모님 의 불화·이혼 등

자극이 항상 밖에서만 온다고는 할 수 없어요. 때로는 내면의 감각과 욕구도 스트레서가 된답니다. 자연환경에서 느끼는 더위나 추위, 냄새, 소리, 태풍이나 홍수, 지진 같은 사건도 스트레서가 되죠. 예민한 사람의 경우 다른 사람에게는 보이지 않는 것이 보이거나 다른 사람의 감정에 쉽게 휩쓸리기도 하는데, 이것 역시 스트레서가 될 수 있습니다.

트라우마에서 오는 스트레스는 특별히 주의!

강한 충격을 받았다면 신경을 더 써야 합니다. 마음에 깊은 상처가 남기 때문이에요. 이를 우리는 '트라우마'라고 부릅니다.

◇ 가족이나 친구의 죽음 등 소중한 것을 잃은 경험

◇ 사고, 범죄, 폭력, 성폭행 피해 등을 입은 경험

◇ 지진, 화재, 태풍, 홍수 등 자연재해를 입은 경험

◇ 테러, 폭동, 전쟁 등 급작스럽게 변한 사회 정세에
   휘말린 경험

이런 일들은 트라우마를 만들고, 몸과 마음에 깊은 영향을 줘요. 소중한 것을 잃는다는 건 물건에만 한정된 게 아니에요. 부모님의 이혼으로 아빠 혹은 엄마와 따로 살게 되거나, 가족과 함께 살지 못하게 되거나, 수능에 실패하거나, 엄청난 실연을 겪는 것도 포함됩니다.

강한 스트레스를 받거나 오랫동안 스트레스에 시달리다 보면 자신도 모르는 사이에 몸과 마음이 일그러져요. 다시 풍선으로 비유해 볼까요? 풍선은 살짝 누르면 원래 형태로 돌아오는 힘을 가지고 있어요. 그런데 오랜 시간 계속해서 강한 힘으로 누르면 눌린 자리가 변형돼 원래의 형태로 돌아오지 못하게 됩니다. 이것이 바로 스트레스 때문에 문제가 생긴 사람의 상태라고 할 수 있어요. 약간의 스트레스를 받으면 이에 대처하기 위해 몸과 마음의 힘이 작동하죠. 하지만 자신의 대처 능력을 넘어서는 스트레스를 계속해서 받으면 '큰일이다. 이젠 아무것도 못 하겠어'라며 몸과 마음이 신호를 보냅니다.

풍선은 '펑!' 하고 터지기만 하는 것이 아닙니다. 보이지 않을 만큼 작은 구멍이 나서 공기가 조금씩 새어 나가 쪼그라들기도 해요. 하지만 구멍을 막고 공기를 다시 넣으면 원래 모양으로 되돌릴 수 있습니다.

우리 마음도 마찬가지예요. 쪼그라들 대로 쪼그라들어서 도저히 손을 쓸 수 없게 되기 전에 치료하면 됩니다.

긍정적인 스트레스도 있다?!

때로 스트레스는 의욕을 불러일으키는 에너지가 되기도 한답니다. 운동선수 중에는 '이 사람은 멘탈이 참 강하구나. 혹시 스트레스나 압박감을 안 받는 거 아니야?' 싶을 만큼 굳건해 보이는 사람이 있어요. 하지만 스트레스를 안 받는 사람은 없습니다. 스트레스를 받지만, 그에 대처하는 힘이 있는 거죠. 중요한 시합에서 졌을 때, 멘탈이 강한 선수는 졌다는 사실을 싫은 기억이나 부정적인 기억으로 여기지 않고 '다음에는 꼭 이길 거야!' 하며 그 경험을 다음 시합을 위한 원동력으로 삼아요.

스트레스는 의욕을 북돋아 주는 에너지가 됩니다. '지지 않았더라면 이렇게까지 열심히 하지 못했을 거야!'라고 생각할 수 있도록 도와주죠. 이처럼 때로 스트레스는 에너지의 원천이자 기폭제가 되기도 합니다. 물론 이러한 사고방식은 하루아침에 만들어지지 않아요. 많은 시합에 나가 경험을 쌓으면서 상황에 따른 대처 방법을 여러 번 반복해서 연습한 덕분에 만들어진 거죠.

스트레스를 경험하고 그것과 마주하는 요령을 익히면 불안을 극복하는 힘이 생겨요. 그렇게 조금씩 자신의 대처 능력을 높여 나가면 스트레스는 부정적인 재료가 되지 않아요. 이를 두고 스트레스 내성이 생긴다고 말합니다. '지금 일어난 일은 안 좋은 일이야' '나는 이런 일에 서툴다고' 하며 끙끙 앓고만 있으면 스트레스는 마음에 상처를 내요. 반면 '다음에 참고로 삼을 만한 좋은 경험을 했어'라며 긍정적으로 받아들이면 스트레스는 내성 에너지로 변화합니다.

원하던 고등학교에 들어가지 못했다고 가정해 봅시다. 괴롭겠지요. 엄청난 충격일 겁니다. 이때 '내 인생은 끝났어' '난 진짜 바보야' 하며 계속해서 끙끙 앓는다면 이 사건이 마음에 상처로 남을 거예요. 그러나 '고등학교 입시는 실패했지만 이 분한 기분을 또 맛보기는 싫으니 대학 입시는 절대로 실패하지 않을 거야!'라고 생각한다면 이 실패는 '좋은 스트레스'가 될 수 있어요. 그러니 스트레스를 무조건 나쁜 것으로 여기지는 말아야 합니다.

스트레스를 받는 뇌의 구조

우리가 스트레스를 받을 때 뇌에서는 어떤 일이 벌어질까요? 지금부터 과학적인 설명이 필요한데, 매우 중요한 부분이니 어렵더라도 잘 따라와 주길 바라요.

먼저 뇌에서 스트레스 반응을 담당하는 부위는 '편도체'와 '시상 하부'입니다. 편도체는 측두엽에 있는 아몬드 모양의 신경 세포예요. 불안이나 공포의 감정과 밀접하게 연관돼 있죠. 시상 하부는 대뇌 깊숙한 곳에 있는데 자율 신경 조절과 호르몬 분비, 정보 전달에 관여합니다. 시상 하부 역시 스트레스 반응에 중요한 역할을 한답니다.

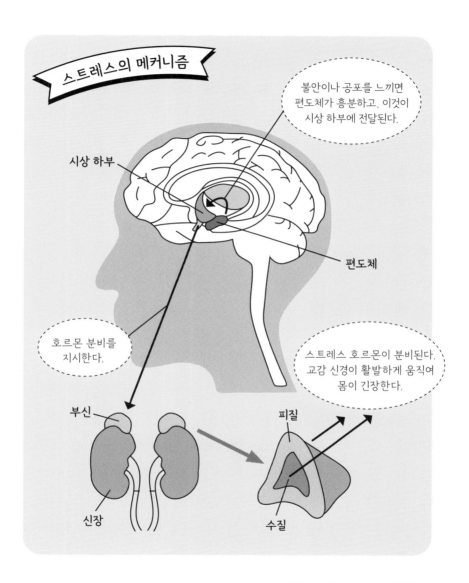

어떤 자극에 대해 불안이나 공포를 느끼면
편도체가 흥분하기 시작합니다.

편도체에서 정보를 받은 시상 하부는
뇌의 각 부분에 지령을 내립니다.

지령이 부신에 전달되면
부신은 스트레스 호르몬이라 불리는
물질을 분비합니다.
부신 피질에서는 코르티솔,
부신 수질에서는 아드레날린과 노르아드레날린 같은
호르몬이 나옵니다.

이 호르몬들이 피의 흐름을 타고
온몸을 돌면 흥분이 일어납니다.

그리고 온몸에 스트레스 호르몬이 분비되면 자율 신경 가운데 교감 신경이 활발하게 활동하고 혈관을 꽉 조여서 긴장시킵니다. 이것이 스트레스의 작용 원리예요. '불안 회로' 혹은 '공포 회로'라고 부른답니다.

증상 체크하기

스트레스를 받을 때 나타나는 반응과 증상은 매우 다양합니다. 대표적인 것을 살펴볼까요?

● **심리적인 증상**

- [ ] 초조하다
- [ ] 침울하다
- [ ] 긴장한다
- [ ] 강한 불안이나 공포를 느낀다
- [ ] 무기력해진다

● 몸에 나타나는 증상

☐ 가슴이 심하게 뛴다

☐ 식욕이 줄어든다 / 늘어난다

☐ 두통이나 어지럼증이 생긴다

☐ 속이 쓰리거나 배가 아프다

☐ 불면증이 생긴다

☐ 피곤하고 기운이 없다

● 행동으로 나타나는 증상

☐ 분노가 폭발한다

☐ 운다

☐ 폭식한다 / 절식한다

☐ 방에 틀어박혀서 나오지 않는다

☐ 스트레스 요인에서 도망친다

☐ 과격한 행동을 한다

스트레스는 몸과 마음뿐만 아니라 행동으로도 나타납니다. 청소년, 특히 10대 초반에는 자신에게 일어나는 신체적인 증상과 마음의 문제가 연결돼 있다는 사실을 깨닫지 못하는 경우가 많습니다. 예를 들어 위가 아픈데 그게 스트레스와 연관이 있다는 사실을 깨닫지 못하고 일시적인 통증이라고 생각하고 마는 거죠.

스트레스를 받는 상태가 지속되면 '스트레스 장애'라고 불리는 질환이 나타나기 시작합니다. 그러니 스트레스가 심할 때는 그냥 놔두지 말고 적절한 조치를 취해야 합니다.

불안 회로가 지나치게 활발할 때 나타나는 증상

편도체에서 경계 신호를 지나치게 많이 보내면 불안 회로가 반복해서 작동합니다. 인간의 뇌에는 호기심을 불러일으켜서 활발하게 활동하도록 지령을 내리는 '행동 활성 시스템(모험 시스템)'과 위험을 회피하게 하는 '행동 억제 시스템(경계 시스템)'이 있어요. 불안 회로만 과도하게 활동하면 행동을 억제하려는 움직임이 강해진답니다. 그러면 모험을 하지 않고, 도전을 피하게 돼요. 어떤 행동을 하기도 전에 뇌가 제동을 걸거든요. 그래서 불안 회로 활동이 활발한 사람은 행동하지 않으려고 해요. 게다가 어떤 일에 대해서든 부정적으로 생각하기 쉽고요.

그런데 앞에서 스트레스도 긍정적으로 받아들일 수 있다는 이야기를 했어요(22쪽). 스트레스를 받을 만한 일이 있어도 이를 좋은 스트레스로 받아들일 수 있다면 모험 시스템이 제대로 작동하고 있는 거랍니다.

한편 불안 회로가 과도하게 반응하면 부정적인 생각이 만들어져요. 또 실패할지도 모른다는 생각에 어떤 일에 도전하기가 두려워지지요. 실패가 두려운 나머지 스스로 자기 길을 막는 거예요. 불안이나 공포가 강해도 지성이나 어떤 사건을 냉정하게 판단하는 이성과 회로가 제대로 연결돼 있으면 균형이 잡히는데, 연결이 좋지 않으면 생각이 부정적인 쪽으로 기울어요. 이런 기울어진 스트레스 상태가 계속되면 병이 생기는데, 대표적인 것이 자율 신경의 이상입니다.

자율 신경과 항상성

제목이 어렵다고 건너뛰려는 건 아니겠죠? 낯선 개념이

지만 어렵지 않으니 천천히 따라와 주세요. 자율 신경은 스트레스 정보를 전달하는 데 깊이 관여하고 있습니다. 자율 신경을 설명하기 전에 먼저 알아야 할 것이 있어요. 바로 생명을 유지하기 위해 뇌가 신체를 안정된 상태로 만드는 기능인 '생체의 항상성(호메오스타시스)'입니다. 폭염을 예로 들어 볼까요? 기온이 39도나 40도를 넘어가는 비정상적인 더위가 찾아올 때가 있죠. 사람의 체온은 대개 36도 전후이니, 40도까지 올라가면 몸이 상당히 괴롭겠지요? 그런데 기온이 40도가 됐다고 해서 체온도 40도로 올라가지 않아요. 왜 그럴까요? 기온이 오르락내리락해도 체온이 어느 정도로 일정하게 유지되도록 뇌가 지령을 내리기 때문입니다.

혈압이나 심박수도 그렇습니다. 소화 작용도 마찬가지지요. 몸이 위험한 상태가 돼 생존의 위기에 빠지지 않도록 뇌가 우리 몸을 관리하고 조절하고 있답니다. 이것이 항상성이라는 기능이에요. 자율 신경은 이 항상성을 유지하기 위한 중추 신경입니다.

자율 신경에는 교감 신경과 부교감 신경이라는 2가지의 신경이 있습니다. 쉽게 말하면 교감 신경은 흥분이나 활동을 촉진하는 신경이고, 부교감 신경은 마음의 안정이나 휴식을 촉진하는 신경입니다. 자율 신경은 몸 구석구석 모세 혈관까지 가느다란 신경망을 치고 있어서 심장의 움직임, 위장의 활동, 체온, 혈압 등 신체의 기능을 조절하고 각 부분에 지령을 전달합니다. 교감 신경과 부교감 신경이 항상 균형을 유지하도록 몸 상태를 적절하게 만드는 거죠.

자율 신경, 호르몬, 면역의 관계

우리 몸에는 항상성을 지탱해 주는 3개의 기둥이 있습니다. 바로 '신경' '호르몬' '면역'인데요, 이 3가지가 몸의 상태를 조절한답니다.

오랜 시간 과도하게 스트레스를 받으면 몸을 정상적인 상태로 되돌리려는 움직임이 약해지고 자율 신경의 균형이 깨져요. 자율 신경의 중추 시스템이 무너지면서 교감 신경이 활동해야 할 때 활동하지 않는 것이죠. 자율 신경이 정상적일 때는, 아침이 되면 교감 신경이 활발해지며 몸이 활동 모드에 들어갑니다. 그런데 교감 신경이 좋지 않으면 혈압이 제대로 올라가지 않아요. 어지럼증이 있어 일어나지 못하거나 비틀거리게 되고, 식욕도 생기지 않죠. 혈액 순환이 잘 안 되기 때문에 몸이 나른해지고 피로를 느끼게 됩니다.

뇌의 시상 하부는 호르몬계(내분비계)와 직결돼 있어요. 시상 하부는 뇌하수체와 부신으로 이어지는데, 자율 신경이 흐트러지면 부신에 영향을 줍니다. 그래서 호르몬계에 이상이 생기지요. 호르몬계에 이상이 생기면 면역계에도 이상이 생깁니다. 면역계가 정상적으로 작동하지 않으면 감염병에 쉽게 걸리거나 알레르기가 생겨요. 또 면역 세포의 70퍼센트는 장에서 만들어지기 때문에 장 활동이 나쁘면 배의 컨디션도 안 좋아집니다. 이것이 스트레스가 우리 몸 곳곳에 영향을 주는 메커니즘입니다.

약으로 고칠 수 없는 자율 신경

자율 신경의 이상은 약으로는 치료할 수 없습니다. 자율 신경은 바깥에서 컨트롤할 수 없는 구조로 돼 있기 때문이에요. 자율 신경을 바깥에서 쉽게 조절할 수 있으면 항상성이 유지되지 않거든요. 중요한 정보가 들어 있는 스마트폰이나 컴퓨터의 메인보드를 외부에서 멋대로 컨트롤해 버리면 큰일이 나겠지요? 자율 신경도 이와 비슷하다고 생각하면 됩니다. 그래서 병원에서 처방받은 약을 먹는 방법으로는 치료할 수가 없는 거랍니다.

다만 몸이 괴롭고 힘든 증상을 약으로 억제할 수는 있어요. 예를 들어 진통제나 정장제(장을 깨끗하게 만들어 장의 전반적인 기능을 좋게 하는 약)를 먹고 두통이나 복통을 멈추게 만드는 거죠. 이렇게 겉으로 드러나는 증상을 완화시키는 방법을 '대증 요법'이라고 부릅니다.

대증 요법만 사용해도 일시적으로 조금은 편안해집니다. 하지만 근본적인 문제를 해결하지는 못해요. 흐트러진 자율 신경의 리듬을 치료한 게 아니기 때문입니다.

그렇다면 어떻게 해야 자율 신경의 문제를 고칠 수 있을까요? 이 책의 '도전 편'에서 여러 가지 방법을 소개할 텐데, 가장 효과적인 방법은 쉬는 거예요. 편안한 마음으로 생활하는 것, 그리고 긴장과 피로를 없애는 것이 바람직하다는 사실을 꼭 기억해 두기를 바라요.

적당한 스트레스는 필요하다

스트레스는 결국 어느 정도로 받고 있는지가 중요해요. 지나치게 많으면 좋지 않지만, 전혀 없는 것도 좋지는 않아요.

매 학기 보는 중간고사와 기말고사는 매우 큰 스트레스를 줍니다. 누구나 '제발 시험 좀 없어졌으면 좋겠다'라고 생각해 본 적이 있을 거예요. 하지만 시험이 있기 때문에 우리는 공부할 생각을 해요. 시험이 없으면 수업도 지금처럼 진지하게 듣지 않을 거고, 숙제가 나와도 '안 해도 괜찮지 않을까?' 하는 마음이 들 거예요. 시험이라는 긴장감이 여러분을 공부하게 만드는 거랍니다.

뭐든지 그렇습니다. 긴장감이 전혀 없으면 느슨해져요. 따라서 스트레스는 적당히 있는 게 좋습니다. 앞에서 모험 시스템과 경계 시스템에 관해 이야기하면서 말했듯이 무작정 조심하면 행동력이 없어지고 말아요.

그렇다고 해서 무모하게 아무 데나 뛰어드는 게 좋은 건 아니에요. 이 또한 위험합니다. 10대의 젊은 뇌는 위험 부담을 생각하지 않고 행동하려는 경향이 강해요. 그것이 좋은 결과를 낳는 경우도 있지만, 목숨을 위험하게 만드는 경우도 있답니다. 그러니 왠지 안 좋은 예감이 든다거나 무섭다는 감각을 무시해서는 안 돼요. 부정적인 감각이나 감정이 드는 것은 생명체가 지닌 본능이기 때문이에요. 뇌가 위험이 발생할 작은 힌트를 발견하고 '응? 이건 뭐지?' 하고 멈출 수 있도록 신호를 보내는 거거든요. 위험을 피해 자신을 지킬 수 있게끔 유도하는 거예요. 이처럼 위험을 감지하는 감각을 따르는 능력은 살아가는 데 있어 중요한 요소입니다.

2

호르몬 회오리바람이
일으킨 나비 효과

혹시 나만 유리 멘탈…?

사춘기를 흔히 '감수성이 한창 풍부할 때'라고 말하죠. 감수성이란 외부 세계의 자극을 받아들이고 느끼는 성질을 말해요. 그런데 감수성이 풍부하다는 것은 어떤 일에 상처를 쉽게 받는다는 뜻이기도 합니다. 사춘기는 온갖 자극에 매우 민감한 시기예요. 그래서 누군가의 사소한 말이나 행동에 혼자 상처를 받거나 화를 내기도 하고 과민 반응을 보일 때도 있답니다.

사춘기 시기의 멘탈은 '유리 멘탈'이라는 말이 있습니다. 그만큼 약하고 깨지기 쉬워요. 그리고 깨져서 생긴 날카로운 파편이 자신과 다른 사람을 다치게 할 위험성도 있어요. 상처를 주고받기 쉬운 거지요. 하지만 이 또한 개인의 성격 문제라기보다는 사춘기이기 때문에 일어나는 일입니다. 사소한 일에 화를 내는 것도, 쉽게 상처를 받는 것도, 불안감이 커져서 마음이 혼란스러워지고 어쩐지 개운하지 못한 기분이 드는 것도, 몸 상태가 금세 안 좋아지는 것도 모두 사춘기 특유의 몸과 마음이 일으키는 현상입니다.

죽고 싶을 정도로 괴로울 때가 있나요? 그럴 때는 괴로움의 원인을 한번 찾아봅시다. 원인을 알고 나면 마음이 조금은 편안해질 거예요. 사춘기는 기간이 정해져 있습니다. 폭풍은 언젠가 반드시 지나가게 돼 있습니다.

호르몬 회오리바람이 일어나는 시기

사춘기를 겪는 시기를 만 10~18세 정도로 봐요. 이 시기를 겪는 여러분은 성호르몬이 왕성하게 분비돼 육체적으로나 정신적으로나 다양한 변화를 이루며 성장할 거예요.

눈에 보이는 뚜렷한 변화는 신체적인 변화입니다. 여자아이는 가슴이 부풀어 오르고 생리를 시작합니다. 겨드랑이털과 음모가 나기 시작하고, 가슴과 엉덩이를 비롯한 체형에 굴곡이 생깁니다. 남자아이는 변성기가 오고 수염이 납니다. 겨드랑이털과 음모가 나기 시작하고, 고환이 발달하며 발기와 몽정이 시작됩니다. 이런 변화를 가져오는 것이 성호르몬이에요. 성호르몬은 어린 시절부터 몸속에 있는데, 청소년기에 난소나 정소의 활동이 활발해지면서 매우 왕성하게 분비된답니다. 2차 성징이 진행되는 거죠.

그런데 성호르몬은 뇌에도 영향을 줍니다. 그중에서도 편도체를 자극하는데, 편도체는 스트레스를 설명하면서 이야기했듯 불안이나 공포와 관련된 부위입니다(24쪽).

편도체는 호르몬의 자극을 받으면 민감하게 반응하고 흥분합니다. 불안이나 공포가 커져 감정 폭발을 일으키기 쉬워지는 것이지요. 기분이 쉽게 불안정해지고 금세 화를 내는 이유는 호르몬이 편도체를 흔들고 있기 때문입니다.

아직 완성되지 않은 뇌

최근 뇌과학 영역에서 새로운 사실이 밝혀졌어요. 지금까지 뇌는 만 17세 정도가 되면 어른 못지않게 성숙한다고 여겼는데, 뇌과학에서 검증 실험을 하면서 뇌가 한 사람 몫을 할 정도로 성숙하는 시기는 25세 무렵이라는 사실이 밝혀졌습니다.

뇌는 뒤쪽에서부터 앞쪽으로 성숙합니다. 가장 나중에 성숙한다고 알려진 것은 전두엽에 있는 '전두전야'예요. 전두전야는 감정이나 충동을 억제하는 작용을 해요. 전두전야가 뇌의 다른 영역과 강하게 연결돼야 비로소 감정을 컨트롤할 수 있죠. 이런 뇌를 성숙한 뇌라고 할 수 있어요.

사춘기의 뇌는 불안이나 공포의 감정을 낳는 편도체는 과도하게 활발해져 있는 반면 억제 기능을 하는 전두전야는 미성숙해서 감정의 브레이크를 잡기 힘든 상태예요. 감정의 폭발을 제어하지 못하고 쉽게 화를 내는 원인이 여기에 있습니다. 인성에 문제가 있어서 그런 게 아니에요. 뇌가 아직 어른이 되지 못한 거죠.

왜 컨디션이 자꾸 나빠질까?

빠르게 몰아치는 성장의 파도 속에서 호르몬 밸런스가 무너지면 컨디션이 나빠져요. 청소년들이 저에게 자주 상담하는 몇 가지 항목을 예로 들어 볼게요.

- 아침에 두통이 심하고, 일어나려고 하면 어지러워서 비틀거린다
- 장이 약해 긴장하면 배에서 소리가 나고 쿡쿡 찌르는 느낌이 들어 괴롭다

- 낮에 졸음이 쏟아진다
- 때때로 숨이 안 쉬어져서 이대로 죽는 게 아닐까 하는 불안감에 사로잡힐 때가 있다

아침에 좀처럼 일어나지 못한다면?

기립 조절 장애입니다. 이것은 상당히 많은 사람이 고민하는 증상 중 하나예요. 기립 조절 장애일 때 나타나는 증상을 조금 더 자세히 들여다볼까요?

- 아침에 일어나지 못한다
- 현기증이 난다
- 일어날 때 어지럽다
- 머리가 멍하고 컨디션이 안 좋다
- 두통이 있다
- 위통이나 복통이 있다
- 혈색이 창백하다
- 식욕이 없다
- 속이 울렁거린다

▢ 몸이 나른하다

▢ 숨이 금방 찬다

▢ 놀이기구를 타면 멀미가 난다

기립 조절 장애는 스트레스 부분에서 설명한 자율 신경의 교란이 주요 원인으로 보이며, 증상도 겹치는 부분이 많습니다.

 장이 약하다면?

긴장하면 배가 아픈 증상이 나타나는 것을 과민성 대장 증후군이라고 불러요. 어떤 사람은 설사를 하고, 어떤 사람은 변비가 오지요.

이것도 기립 조절 장애와 마찬가지로 자율 신경 이상 때문에 나타나는 증상이에요. 스트레스 부분에서 이야기했듯이 자율 신경 – 호르몬 – 면역의 관계가 무너진 게 원인이라고 볼 수 있어요. 스트레스 호르몬 때문에 뇌와 소화관 사이에 전달 이상이 생기고, 소화관이 지나치게 민감해져서 복통이나 변의를 쉽게 느끼죠. 이것이 반복적으로 발생하거나 오래 이어지면 불안 회로가 증폭돼요. 긴장되는 상황이 발생하면 이런 증상이 어김없이 나타나지요.

 낮에 졸음이 쏟아진다면?

쏟아지는 졸음을 참을 수 없다면 가장 먼저 생각해 볼 수 있는 원인은 수면 부족입니다. 사춘기에는 8~10시간 정도 잠을 자는 것이 바람직한데, 여러 가지 일로 바쁜 여러분은 충분히 자지 못하는 것 같습니다. 그래서 몸이 수면을 원하는 경우가 많죠.

또 하나 생각해 볼 수 있는 원인은 과도한 긴장의 반작용입니다. 신경을 항상 곤두세우고 있으면 신경이 쉬지 못해서 지쳐요. 낮뿐만 아니라 밤에도 긴장 상태가 이어져서 좀처럼 잠들지 못하거나, 자다가 깨거나, 깊게 잠들지 못하기도 합니다. 이러한 증상을 수면 장애라고 부릅니다.

수면 장애 또한 자율 신경의 균형이 깨졌을 때 나타나기 쉬운 증상입니다. 낮에 갑자기 졸음이 쏟아져서 그 자리에서 바로 수면 상태에 빠지는 기면증이라는 병도 있습니다. 기면증에 걸리면 수업 중에도, 친구와 이야기를 하던 중에도 갑자기 잠이 들고 맙니다. 시간은 20분 이하로 짧지만, 이것은 수면 장애 가운데서도 상당히 심각한 병입니다.

 숨이 쉬어지지 않아 괴롭다면?

숨이 쉬어지지 않는 증상을 과호흡 증후군이라고 불러요. 나이에 관계없이 나타나지만 사춘기 청소년, 그중에서도 특히 여자아이에게 나타나는 경우가 많습니다. 과도한 긴장이나 흥분, 공포를 느꼈을 때 발작적으로 나타나지요. 피로가 쌓여서 나타나는 경우도 있지만 기본적으로는 스트레스가 원인인 것으로 알려져 있습니다. 과호흡으로 숨쉬기가 힘들어져 죽을 것 같은 강한 불안을 느끼죠. 그런 경험을 하고 나면 또 발작이 일어날까 봐 두려워집니다. 과호흡 발작이 일어날지도 모른다는 생각 또한 스트레스가 되는 거예요. 과민성 대장 증후군과 마찬가지로 반복적으로 나타나기 쉬운 증상입니다.

기립 조절 장애가 꾀병으로 오해받는 이유

기립 조절 장애는 최근 들어 알려지기 시작한 질환입니다. 예전에도 사춘기 청소년 중에 이런 증상을 보이는 아이들이 있었지만 게으름의 일종으로 여겼죠. 왜냐하면 기립 조절 장애는 오전 시간에는 상태가 매우 안 좋다가 오후에는 회복되기 때문입니다. 아침에는 학교에 가지 못할 만큼 컨디션이 안 좋은데, 오후가 되면 활기차져요. 그래서 게임을 하거나 좋아하는 텔레비전 프로그램을 보며 놀지요. 그런데 다음 날 아침이 되면 또다시 컨디션이 안 좋아져서 일어나지 못해요. 그래서 가족들은 "쟤 꾀병 아니야?" "학교 가기 싫어서 저러는 거야"라고 의심합니다. 하지만 사실 본인은 상태가 좋아지면 다음 날에는 학교에 가겠다고 생각하고 있었거든요. 그런데 전날 밤에 완벽하게 회복됐던 컨디션이 아침이 되면 또 나빠져서 학교에 가려고 했지만 갈 수 없는 상태가 되고 맙니다.

학교에 가는 걸 재미없다고 생각하는 경우는 많지만 등교 거부자가 되고 싶다고 생각하는 사람은 많지 않아요. 학교에 가지 못하는 일에 가장 큰 불안감과 초조함을 느끼고 있는 사람은 본인이에요. 학교에 가고 싶지만 갈 수가 없죠. 어떻게 해야 할지 몰라 당혹스러운데, 부모님은 온갖 잔소리를 해요. 그러면 욱해서 부모님에게 대들고 말죠. 가족 관계가 험악해집니다. 그것 역시 바라는 일이 아닙니다. 자신의 마음과는 반대로 반응하는 몸에 짜증이 나고 마음은 점점 더 불안해집니다.

예전에는 병원에 가도 사춘기 시기에 일어나는 생리적인 변화이니 시간이 지나면 낫는다고 했어요. 정신적인 거라며 그다지 진지하게 받아들이지 않았죠. 그런데 학교에 가기 싫어하는 청소년이 점점 더 많아지면서 기립 조절 장애로 나타나는 증상이 악화되면 등교를 거부하고, 더 나아가 은둔형 외톨이가 되기 쉽다는 사실이 밝혀졌어요. 그러면서 이것을 조기에 개선해야 할 '질환'이라고 생각하게 됐지요.

등교 거부를 하기 전에 몸과 마음이 신호를 보내는 경우도 있어요. 예를 들어 학교에서 돌아오면 지칠 대로 지쳐서 아무것도 하지 않고 누워서 뒹굴거리기만 하는 거지요. 그러면 가족들에게 "공부 안 해도 되니?" "언제까지 게으름 피울 거야?" "긴장감이 없어서 저러지" 등의 '공격'을 받게 됩니다. 스트레스도 점점 쌓이고요.

에너지가 왕성해야 할 10대가 피곤해서 늘어지고 의욕이 없는 것은 몸과 마음에 상당한 충격을 받았기 때문이에요. 이때 위기를 알아차리고 모드를 바꾼다면 심각해지기 전에 바로잡을 수 있어요. 그렇기 때문에 자신에게 나타나는 신호를 알아차리고 자기 몸의 목소리를 제대로 듣는 일이 중요합니다.

머리로는 알지만 행동할 수 없는 이유

자기 몸의 목소리를 들어도 '나 지금까지 힘들었나 봐. 그러면 이제부터 나를 좀 돌봐 줘야지'라고 생각하지 못하는 사람이 많은 것 같습니다.

그 이유는 2가지예요. 하나는 몸과 마음이 연결돼 있다는 사실을 인식하지 못하기 때문입니다. 컨디션 문제를 몸에서 일어나는 문제라고만 생각하고, 마음의 고민을 기분 문제라고만 생각하죠. 컨디션 저하와 마음의 고민이 서로 이어져서 일어나는 문제라고는 생각하지 못합니다. 몸과 마음이 분리돼 있다고 생각해요. 또한 몸으로 나타나는 증상 때문에 괴로움을 호소합니다. "아침에 못 일어나겠어. 어지러워" "배가 아파서 죽을 것 같아"라고 말하죠. 거짓말하는 게 아니에요. 몸으로 나타나는 증상이 마음을 누르는 긴장감과 연결돼 있다는 사실을 모를 뿐입니다. 하지만 여러분은 이제 몸과 마음이 서로 연결돼 있다는 사실을 알았지요. 한 발 나아간 거예요.

또 하나의 이유는 말로 잘 표현할 수 없기 때문입니다. 10대의 뇌는 성장 중이에요. 자신의 감정, 사고, 혹은 상황을 말로 표현하는 회로가 다 완성되지 않았지요. 머리로는 알아도 감정과 감각, 말이 제대로 연결돼 있지 않아요. 이를 '언어화에 약하다'고 말합니다. 사춘기 청소년은 자신이 느끼는 감정을 정확하게 표현하지 못합니다. 몸과 마음이 분단돼 있고, 감정과 언어도 분단돼 있습니다. 그래서 하고자 하는 말을 제대로 전달하지 못합니다. 분명 초조하겠지요. 학교에 가지 못하면 어른들은 분명히 어떤 이유가 있을 거라는 생각에 "무슨 안 좋은 일이라도 있었니?" 하며 이유를 꼬치꼬치 캐묻습니다. 하지만 대답할 수가 없어요. 안개 속에 숨은 게 무엇인지 자기 자신도 알지 못하기 때문입니다. 분명하게 말할 수 있는 것은 어지럽거나 두통과 같은 증상 뿐입니다.

그런데 감정에 관한 말이나 신체 감각에 대한 어휘를 의식적으로 늘리면 자신의 감정을 전달하기가 수월해진답니다. 사춘기의 뇌는 흡수력이 뛰어나요. 자신의 감정과 상태에 대한 어휘를 늘리면 틀림없이 뿌옇게 낀 안개를 조금씩 걷어 낼 수 있게 될 거예요.

불안해서 견딜 수 없는 마음의 비명

불안 회로의 활동이 활발해져서 별다른 이유 없이 어떤 일이 신경 쓰이는 사람도 있어요. 몇 가지 예를 들어 보겠습니다.

- 남들의 시선이 몹시 신경 쓰인다
- 자신에게서 냄새가 나지 않을까 걱정돼 견딜 수가 없다
- 남들에게 말할 수 없는 고민이 있다

남들의 시선이 신경 쓰여요: 시선 공포증

사람들이 자신을 힐끔힐끔 쳐다본다고 생각한 적 있나요? 어린 시절에는 누구나 자기 중심적인 세계에서 살아요. 다른 사람은 별로 관심이 없죠. 사실 자신과 타인을 구분하는 감각도 거의 없어요. 그런데 만 10세 정도부터 사회성이 서서히 싹트기 시작한답니다. 다른 사람이 신경 쓰이고, 다른 사람이 자신을 어떻게 생각할지에 신경 쓰며 타인의 눈을 의식하죠.

남의 시선에 강한 불안을 느끼는 사람도 있어요. "왜 힐끔힐끔 쳐다봐?"라는 말에는 '그렇게 쳐다보지 마. 무서우니까'라는 속뜻이 숨어 있는 거죠.

지금은 코로나로 인해 마스크가 일상이 됐지만 감기에 걸린 것도 아니고 꽃가루 알레르기가 유행하는 시기도 아닌데 마스크를 벗지 않는 사람도 있었어요. 얼굴을 가리는 마스크가 사람들의 시선으로부터 자신을 지켜주는 방어 도구가 된 거죠. 또 햇살이 눈부신 것도 아닌데 선글라스를 쓰는 사람도 있어요. 이것 역시 사람들의 시선으로부터 자신을 지키기 위한 행동이랍니다.

냄새가 신경 쓰여요: 자기 냄새 공포증

　자신에게서 나는 냄새를 신경 쓰는 사람은 생각보다 많아요. 그런 사람들은 자주 킁킁거리며 자기 냄새를 확인하거나 매일같이 오래 샤워하죠.

　이렇게 되기까지는 분명 어떤 계기가 있었을 거예요. 어쩌면 방에 들어온 가족 중 한 사람이 "아, 냄새!"라고 말한 적이 있을지도 모르죠. 환기를 시키지 않은 방에서 나는 냄새를 말한 건데, 자신에게서 냄새가 난다고 받아들여 신경 쓰기 시작했다는 경우가 의외로 많아요.

　사춘기에는 사소한 일에도 신경이 쓰여서 어찌할 바를 모르기도 합니다. 자신에게 일어난 일이 좋지 못한 일이라고 굳게 믿는 것 또한 사춘기에 나타나는 특징이죠. 비슷한 공포 증상으로 '추형 공포' '불완전 공포' 등이 있답니다. 먼저 추형 공포란 자기 외모에 강한 콤플렉스가 있어서 자신이 외모 때문에 다른 사람들에게 미움을 사고 있다고 생각하는 거예요. 이런 친구들은 마스크를 벗지 못하고, 다른 사람이 자신을 쳐다보는 게 싫어서 방에 틀어박혀 생활하기도 합니다. 자해를 하는 경우도 있어요. 불완전 공포란 말

그대로 '완벽하게 못 할 것 같다'는 불안에 사로잡히는 것입니다. 불완전 공포에 시달리는 친구들은 '내일 가져갈 준비물 중에 빠트린 거 있는 것 같은데' '혹시 잊어버린 물건이 있지 않을까?' 하며 가방을 몇 번씩 확인해요. 거식증과 과식증도 불안에서 시작돼요. 어떤 친구들은 자신이 뚱뚱하다고 생각해 다이어트를 시작해요. 먹으면 살이 찐다는 강박때문에 음식을 거부하죠. 혹은 먹고 토하면 살이 찌지 않는다고 생각해 과식하고는 억지로 토하기도 해요. 거식증으로 영양실조가 와 몸 상태가 심각할 정도로 무너지는 경우도 있는데, 이는 강한 자기 확신에서 비롯된 일이에요.

지금까지 살펴본 증상 모두 편도체가 과잉 반응하기 때문에 일어나는 현상입니다.

다른 사람에게 말할 수 없는 고민

사춘기 청소년들과 이야기를 하다 보면 자기 몸에 일어나고 있는 성적인 변화를 기쁜 일로 생각하지 못하고 긍정적으로 받아들이지 못하는 경우가 꽤 많은 것 같아요. 예를 들어 사춘기 여자아이들은 가슴이 부풀어 오르는데,

이를 부끄러워하고 싫어하는 친구들이 많아요. 남자아이들은 변성기가 와 목소리가 변했다는 사실을 주변에서 이야기할까 봐 아예 말을 하지 않는 경우도 많아요.

반대로 2차 성징이 나타나지 않아서 고민하는 친구들도 있습니다. 놀림을 당하면 큰 상처를 받기도 해요. 그래서인지 다른 사람에게 이야기하기 어려워서 혼자 끙끙 앓는 일이 많아지지요. 이런 자신의 모습을 들키면 비웃음을 당하거나 놀림거리가 될 게 틀림없다고 생각하기 때문에 누군가에게 좀처럼 털어놓을 수 없게 돼요.

한번은 남자 중학생이 심각한 얼굴로 저에게 "선생님, 이상한 거 물어봐도 될까요? 저 뭔가 이상해요…. 정액이 하얗지가 않아요"라고 이야기했습니다. 무슨 말이냐고 물으니 자위했을 때 투명한 액체가 나온다는 겁니다. 더 자세히 물어보니 그 아이는 사정을 해 본 적이 없었습니다. 그래서 사정하기 전에 나오는 쿠퍼액을 정액이라고 착각하고 있었던 거예요. 성에 관해 잘 모르고 있었던 거죠.

설명하기 어려운 '이상한 나'

마음에 큰 충격을 받은 탓에 사고나 감정, 감각이 흩어져 자신이 낯설게 느껴지는 증상으로 고민하는 사람도 있습니다.

- 사람이 많은 곳이 불편하고 다른 사람에게 무슨 일을 당할 것 같아 무섭다
- 퍼뜩 정신을 차려 보면 기억이 끊어진 경우가 있다
- 잘 때 가위에 눌리거나 환각이 보이고, 환청이 들릴 때가 있다

 감정이나 감각이 분리된 것 같은 느낌이 든다면?

해리성 정체감 장애란 어린 시절의 감당하기 힘든 경험이 상처로 남아 뇌와 마음과 몸이 분리된 것 같은 증상이 나타나는 것입니다. 예를 들어 신체적 학대나 성적 학대, 심한 따돌림, 소중한 사람의 죽음, 심각한 병이나 장애 같은 강한 자극을 도저히 받아들일 수 없을 때 우리 몸에서는 감각을 차단하는 메커니즘이 발동해요. 이것이 '해리(解離)'

입니다. 감각을 차단하지 않으면 자신을 지킬 수 없고, 살아갈 수도 없기 때문이에요.

해리는 뇌가 가지고 있는 방위 시스템입니다. 장애도 아니고 병도 아니에요. 생존하려다 보니 만들어진 시스템이죠. 하지만 증상이 조금 특이해 보여서 해리로 고민하는 대부분의 사람은 자신에게 일어나고 있는 일을 말하지 못합니다. 아픈 기억을 가진 데다가 다른 사람들이 이해하기 어려운 증상을 겪고 있기 때문에 상당히 힘들고 외로운 상황에 놓여 있지요.

해리성 정체감 장애가 오면 구체적으로 어떤 일이 일어날까요? 어떤 사람은 특정 시기의 기억이 없어지거나 자신이 한 행동이나 당시의 상황을 기억하지 못하기도 해요. 이를 해리성 건망이라고 부르는데, 싫은 기억을 지워 버리는 거예요. 다른 기억이나 성격을 가진 인격이 밖으로 나오는 해리성 동일성 장애도 있습니다. 이른바 다중인격입니다. 본래 인격은 다른 인격이 나와 활동할 때를 기억하지 못하죠. 또 기억을 잃지는 않지만 왠지 자신이 아닌 것 같은 감각을 느끼고, 현재 일어나는 일을 자신에게 일어나는 일이라고 느끼지 못하는 이인증 같은 증상도 있답니다.

해리성 정체감 장애는 정신과에 가서 왜 그런 증상이 생겼는지 원인을 찾아보며 치료를 시작해야 해요. 그런데 쉽지 않습니다. 대부분은 다른 사람에게 쉽게 말하지 못하는 고민을 마음속 깊은 곳에 봉인해 놓는 바람에 해리 증상이 나타나게 된 거거든요. 가족 관계와도 깊이 관련돼 있어서 정신과 의사에게 상담하기 어려운 경우도 적지 않습니다.

과거에는 미성년자의 해리성 정체감 장애를 성적 학대나 신체적 학대 같은 트라우마 경험에서 발생한다고 여겼습니다. 하지만 최근에는 다른 원인도 있다는 사실이 밝혀졌어요. 부모의 불화로 아이가 중간에서 이러지도 저러지도 못하고 갈등의 희생양이 돼 해리가 나타나는 경우도 상당히 늘고 있습니다. 어려서부터 엄마의 불평불만을 들어 주며 엄마를 지탱해 온 아이, 주변의 분위기를 살피며 착한 아이를 연기해 온 아이가 만성적인 스트레스로 인해 몸과 마음의 밸런스가 무너지며 해리를 일으키는 거죠. 이런 아이들은 안심할 수 있는 장소가 어디에도 없다고 느껴요. 자기 안에서 '이젠 한계야'라고 느낄 만한 상황이 찾아오면 뇌가 감각을 차단해서 자신도 이해할 수 없는 증상이 나타납니다.

누구에게나 고민이 있다

힘든 일이 하나도 없는 사람이 과연 있을까요? 그런데 혼자 고민하고 있으면 '나만 이상한 사람 같아'라는 생각에 사로잡히게 돼요.

세상에는 나와 비슷한 생각을 하는 사람이 반드시 있어요. 그렇기 때문에 나만 고민하는 게 아니라는 사실을 아는 일은 매우 중요해요. 자신에게 동료가 있다고 생각해야 합니다. 그 사실만으로도 마음이 든든해진답니다.

청소년기에 겪을 수 있는 여러 가지 몸과 마음의 문제에 대해서 이야기해 봤어요. 여러 가지로 힘든 일이 있겠지만 청소년기의 민감함은 과잉의 한 종류라고 생각하면 될 것 같습니다. 과잉 반응을 하기 때문에 지치고 힘이 드는 거지요. 하지만 이러한 괴로움은 영원히 계속되지 않아요. 앞에서도 언급했듯이 '기간 한정'이에요. 그러니 끝이 있다고 생각하면 마음이 한결 편안해질 거예요.

3

5명 중 1명 꼴로 있다는
'매우 민감한 사람(HSP)'

태어날 때부터 매우 민감한 기질

호르몬과 뇌 활동의 영향으로 자율 신경이 불안정해지면서 일어나는 증상은 성인이 되면서 자연스럽게 사라져요. 사람에 따라 다르기는 하지만 대개 20살이 지날 무렵에는 안정이 되죠.

그런데 사춘기가 지나고 나서도 예민해서 쉽게 상처를 받고, 불안해하고, 사소한 일로 몸과 마음이 지치는 사람들이 있습니다. 이들은 체질적으로 자극에 대한 감수성이 남들보다 예민해요. 태어날 때부터 매우 민감한 기질을 가진 사람들이지요.

미국의 심리학자 일레인 아론 박사는 세상에는 이처럼 민감한 기질을 가진 사람이 일정 숫자로 존재한다는 사실을 밝혀내며 이들을 'HSP(Highly Sensitive Person)'라고 불렀고, 민감한 기질을 가진 아이들을 'HSC(Highly Sensitive Child)'라고 불렀습니다.

어느 사회에나 15~20퍼센트, 5명 중 1명 꼴로 민감한 기질인 사람이 있다고 해요. 인종과 관계없이 어느 나라에나 있고, 남성과 여성의 비율도 거의 같습니다. 사람뿐만 아니라 동물 가운데도 일정한 비율로 존재한다고 합니다. 생물의 진화라는 관점에서 봤을 때 혹독한 자연계에서 살아남으려면 위험을 재빨리 감지해야 하니, 유달리 민감한 감각을 가질 수밖에 없겠지요. 그렇게 생각하면 민감함은 생존에 있어 중요한 역할을 한다고 볼 수 있습니다.

HSP의 특성

아론 박사는 HSP의 민감함을 4가지로 설명합니다.

① 깊고 신중하게 생각한다

이들은 정보를 자기 안에서 깊이 있게 처리하려는 성향이 있어요. 어떤 일이든 잘 이해하기 때문에 분위기를 풀어주는 재치 있는 발언을 하거나 날카로운 질문을 던지며 정확하게 지적하기도 하죠. 여러 가지 가능성을 따져 보고 신중하게 생각하기 때문에 행동으로 옮기기까지 시간이 좀 걸려요.

❷ 과도하게 자극받기 쉽다

보통 감각을 가진 사람에게는 아무렇지 않을 일도 매우 신경 써요. 보통 사람이 적당한 자극이라고 느낄 만한 일도 크게 느끼죠. 보통 사람이 큰 자극이라고 느끼는 일은 견디기 힘든 자극이라고 느낀답니다. 그렇기 때문에 매우 쉽게 지쳐요. 큰 소리, 심한 냄새, 사람이 많은 장소, 갑작스러운 일정 변경 등을 싫어합니다. 깜짝 이벤트를 해 주면 즐기기보다는 혼란스러워합니다.

❸ 감정 반응이 강하다

다른 사람의 기분을 읽고 생각을 예측해요. 감정에 강하게 공감해서 다른 사람의 이야기를 듣고 함께 슬퍼하거나 힘들어하기도 합니다. 높은 공감 능력이란 몸 안에 울림이 좋은 커다란 소리굽쇠가 잔뜩 있어, 그것들이 일제히 진동하는 느낌이라고 표현할 수 있겠네요.

❹ 사소한 자극을 감지한다

작은 소리, 희미하게 풍기는 냄새, 미묘한 맛의 차이 등

보통 사람이 눈치채기 힘든 것들을 느낄 수 있어요. 통증에도 민감합니다.

이 4가지에 모두 해당된다면 여러분도 HSP라고 할 수 있습니다.

나는 어떤 아이였을까?

타고난 기질이기 때문에 어린 시절을 돌아보면서 스스로 진단해 볼 수 있습니다. 기억이 나지 않는다면 부모님께 한 번 물어보세요.

- [ ] 큰 소리, 강한 빛, 강한 냄새 등을 싫어했나요?
- [ ] 잘 우는 아기였다는 말을 들었나요?
- [ ] 통증에 민감했나요?
- [ ] 옷의 감촉이나 상표가 살에 닿는 느낌이 거슬려서 항상 같은 옷만 입으려고 하지는 않았나요?
- [ ] 모래놀이, 흙탕물 놀이가 싫어서 거의 하지 않았나요?

- [ ] 시끌벅적한 장소를 싫어했나요?
- [ ] 주변 사람에게 "그걸 어떻게 알았어?"라는 말을 자주 들었나요?
- [ ] 엄마의 기분이 좋은지 나쁜지 등 어른의 표정 변화를 금방 알아챘나요?
- [ ] 사람들 앞에서 발표할 때 긴장해서 실력을 발휘하지 못했나요?
- [ ] 큰소리로 호통 치는 선생님을 싫어했나요?

어떤가요? 이런 특징을 가진 아이였다면 여러분 역시 민감 기질입니다.

HSP는 유전일까?

HSP가 타고난 기질이라면 유전이냐는 질문을 받을 때가 있습니다. 아마 유전적인 부분도 있을 거예요. 무관하지 않은 것은 확실합니다. 그런데 그것이 꼭 유전 때문에 나타나는지, 아니면 성장 과정이나 환경에 의해 나타나는지는 정

HSP의 특징

🐱 색이나 소리, 냄새 등 사소한 자극에도 신경이 쓰인다

🐱 꿈이나 공상이 리얼해서 현실과 혼동할 때가 있다

🐱 항상 상대방에게 맞춰 주는 착한 아이가 되려고 한다

🐱 상대방을 지나치게 배려한 나머지 싫다고 말하지 못한다

🐱 혼자만의 시간이나 공간이 필요하다

🐱 집단 안에 있을 때는 말이 없어지고 혼자가 된다

🐱 감시나 평가, 시간 제한 등을 싫어한다

🐱 주위 사람의 기분이나 감정에 영향을 받는다

🐱 감정, 언어, 행동을 겉으로 드러내지 못하고 억누른다

🐱 매우 쉽게 지치고 많은 일을 한 번에 하지 못한다

🐱 상대방의 속도에 맞출 수가 없다

확히 알 수 없어요. 민감함은 개개인의 감각인데다가 어느 유전자와 관계돼 있다고 정확하게 말할 수 없기 때문에 어디에서 왔는지를 특정하기는 어려워요. 또 지금까지 이야기한 특징을 보면 HSP는 내향적인 성향(신중파)인 것처럼 보이지만, 외향적이고 자극을 추구하는 사람도 있습니다. 정반대인 것처럼 보이지만 사실 미미한 차이가 있을 뿐이에요. HSP 성향을 가진 사람들 중에서 내향적인 타입이 70퍼센트, 외향적인 타입이 30퍼센트 정도라고 하는데, 양쪽 기질이 섞인 사람도 꽤 많은 것 같습니다. 혹시 밖에서는 굉장히 얌전한데 집에만 돌아오면 활발해지나요? 집에서만 활개를 치는 타입이에요. 밖에서는 내향적인 기질이, 집에서는 외향적인 기질이 나오는 거죠. 반대로 어른들은 밖에서는 외향적이고 매우 활동적인 모습을 보이다가 혼자 있으면 내향적인 면이 강해지는 사람이 많은 것 같습니다.

민감함을 판단하기 어려운 이유

태어날 때부터 민감한데 20살 전후가 될 때까지 자신이 민감하다는 걸 모르는 경우가 많습니다. 왜 그럴까요?

앞에서도 말했지만 어린아이는 자신의 감각이나 감정을 자세히 설명하지 못합니다. 자신과 다른 사람을 비교해 보려는 생각조차 하지 못하지요. 그래서 자신의 감각이 남과 다르다는 사실을 알아차리기가 힘들어요.

자신과 다른 사람을 구별하고 비교할 수 있게 되는 건 사춘기가 지나고 난 다음의 일입니다. 사춘기 때 몸과 마음에 나타나는 변화가 성장기이기 때문에 나타나는 것인지, 아니면 그 사람 고유의 것인지 구분하기 어렵거든요. 자신이 HSP라는 사실을 어른이 되고 난 다음에야 깨닫는 경우가 많은 것은 이런 이유 때문이에요.

왜 민감함이 삶을 힘들게 할까?

HSP라는 기질에 대해 어느 정도 이해했다면 이제 본론으로 들어가 볼까요? '왜 민감함이 삶을 힘들게 할까?' 이것은 2장에서 이야기한 뇌의 회로와 관계가 있습니다.

자극에 과민하게 반응하는 상태가 계속되면 불안 회로

와 공포 회로의 활동이 매우 활발해집니다. 쉽게 말해 경계 신호가 계속 울리고 있는 상태인 거죠. 불안이나 공포를 강하게 느끼면 행동을 억제하는 회로가 활발해져요. '위험해 보이니까 그만두자' '무서우니까 가까이 가지 말자' 하는 신호가 계속 켜져 있으면 행동이 억제될 뿐만 아니라 생각도 부정적으로 변합니다. 마이너스 감정에 지배당하기 쉬워져요. '어차피 안 될 게 뻔해' '봐, 역시 잘 안 되잖아' '해 봤자 소용없어' 같이 부정이 꼬리에 꼬리를 물게 됩니다. 마이너스 사고가 강해지면 '나한테는 무리야' '내가 할 수 있을 리가 없어' 하며 행동하기도 전에 포기하고 자신감을 잃기 쉬워요. 자신에 대한 원망도 커져요. 이런 현상이 오랫동안 반복되면 스트레스 호르몬이 과다해져서 교감 신경과 부교감 신경의 밸런스가 무너지고, 자율 신경에도 영향을 줘 면역에도 이상이 생깁니다. 20살이 넘어서도 자율 신경 기능 이상이 사라지기는커녕 오히려 강해진다면 다른 원인이 있는 건아닌지 생각해 봐야 합니다.

그렇다고 HSP인 사람 모두가 그렇다는 뜻은 아니니 오해하지 말기를 바라요. 그리고 과도한 스트레스에 시달리는 상태가 오랫동안 계속되면 누구나 그렇게 된답니다. 다만 민감한 기질을 가진 사람은 감각이 더 예민하고, 주위의 영향을 더 많이 받고, 상처도 더 잘 받아요. 스트레스도 그만큼 쌓이고요. 따라서 조심하지 않으면 보통 사람들 이상으로 스트레스성 질병에 걸리기 쉽습니다.

또 하나의 민감함, 발달 장애

발달 장애란 발달 과정에서 뇌의 각 부분을 연결하는 회로가 제대로 기능하지 못해서 일어나는 증상이에요. 현재는 신경 발달증이라고 부릅니다. 자폐 스펙트럼 장애(ASD), 주의 결핍·다동 장애(ADHD), 학습 장애(LD) 등이 있는데, 이 중에는 HSP의 민감함과 비슷한 특성을 보이는 사람도 있어요. 오감이 과민하거나 전정 감각(신체의 움직임, 균형, 속도 등을 느끼는 감각)과 고유 수용 감각(팔다리의 움직임, 근육의 팽창과 축소, 힘이 들어가는 정도 등에 대한 감각)이 과민하거나 둔감한 경우도 있죠. 이렇게 증상으로 나타나는 과민함과 HSP의 민감함은 구분하기가 매우 어려워요.

발달 장애인 사람 모두에게 감각 과민이 있는 건 아니에
요. 감각 과민이 있는 사람도 있고 없는 사람도 있어요. 그
중에는 심하게 둔감하다 싶을 정도로 감각을 느끼지 못하
는 사람도 있답니다. 과민함을 느끼는 방법과 정도도 사람
마다 달라요. 발달 장애에 따른 감각 과민이 있으면서 HSP
인 사람이 있고, HSP지만 발달 장애가 없는 사람도 있어요.
발달 장애나 HSP가 조금 있는 정도인 사람부터 심한 사람
까지, 각양각색이죠. 그러데이션이 돼 있다고 보면 됩니다.

그렇기 때문에 흑백을 구분하듯 둘 중 하나에 해당된
다고 정확하게 선을 긋기는 어려워요. 발달 장애라는 산과
HSP라는 산이 나란히 있다고 상상해 봅시다. 두 산은 서로
이어져 있는 부분도 있을 거고, 떨어져 있는 부분도 있을 거
예요. 이처럼 사춘기 특유의 민감함과 HSP의 민감함도 이
어져 있어요. 이들의 공통점은 민감함 때문에 생활에 어려
움을 겪고 있다는 거예요. 그것이 현재의 삶을 힘겹게 하고
있습니다.

장애란 무엇일까?

　이처럼 확실히 구분되지 않기에 우리는 '장애'를 다시 생각해 봐야 하는지도 모릅니다. 평소에 '장애인'이라는 말을 아무렇지 않게 사용하죠. 그런데 과연 무엇을 보고 장애라고 하는 걸까요?

　시각 장애인을 예로 들어 볼까요? 시각 장애인은 앞이 전혀 보이지 않는 사람만을 가리키는 게 아니에요. 앞이 보이지 않는 정도는 다양해요. 생활하는 데 지장이 있는 시력에도 여러 수준이 있습니다. 극단적인 예를 들자면 아프리카 사바나 열대 초원 지대에 사는 평균 시력이 6.0인 사람들은 시력이 1.5인 사람을 보고 장애가 있다고 생각할지도 몰라요. 생활에 지장에 있다고 보는 것은 그 사회의 사람들이 자신들의 감각과 기준으로 정한 거예요.

　발달 장애도 장애 특성이라고 불리는 요소가 매우 강한 경우도 있고, 그렇게 심하지 않은 경우도 있어요. 여러 증상을 몇 개씩 가지고 있는 사람이 있는가 하면, 그렇지 않은 사람도 있어요.

　장애는 흑백으로, 0과 100으로 분명하게 구분할 수 있는 게 아니에요. 단지 미묘한 차이가 있을 뿐입니다. 그리고 그것은 그러데이션되면서 '정상'이라고 불리는 사람들과 이어져 있죠. 그런 관점에서 보면 장애에 대한 생각과 남들과의 차이에 대한 생각에 깊이가 생기지 않을까요?

이해하는 일이 마음을 구원한다

성격이나 개성을 이야기할 때 신경질적인 부분이 있다거나 예민하다는 식으로 민감함을 거론하는 일은 예전부터 있었지만 이러한 기질을 체계적으로 연구하지는 않았어요. 저는 소아정신과 의사로서 발달 장애와 발달성 트라우마 장애, 애착 장애 등을 마주하며 HSP에 대해 알게 됐어요. 제가 매일같이 느끼던 것을 사회 심리학에서 하나의 '기질'로 다루고 있다는 사실을 알았을 때는 적잖이 놀랐죠. 그래서 저도 민감함에 대해 다양한 관점으로 연구하기 시작했습니다. 책을 쓰고 강연을 하러 다니며 전국에서 다양한 목소리를 들었고, 민감함 때문에 고민하는 사람이 많다는 사실을 새삼스럽게 느꼈죠.

"HSP에 대해 알게 되면서 제가 그야말로 HSP였다는 사실을 깨달았습니다. 오랫동안 왠지 모르게 남들과 다른 것 같고, 삶이 힘겹다고 느낀 이유를 알게 돼 마음이 편안해졌어요."

"제 기질에 대해 알고 난 뒤 제가 이상한 게 아니니 더는 자책하지 않아도 된다고 생각하게 됐습니다. 그랬더니 스트레스도 줄고 컨디션도 좋아졌습니다."

이렇게 해방감과 안도감을 얻은 사람도 적지 않았습니다. 요즘에는 인터넷에도 많은 정보가 있기 때문에 HSP를 비롯한 다양한 종류의 민감함에 대해 누구나 쉽게 찾아볼 수 있어요. 매우 잘된 일이라고 생각합니다. 어렸을 때부터 HSC라는 사실을 알고 있으면 부모님이나 선생님이 그런 기질에 맞는 육아와 교육을 시킬 수 있으니까요. 그렇게 되면 당사자는 매우 편해집니다. 스트레스가 적으면 '부정적인 길'을 달리지 않아도 되거든요.

아는 일이 이해를 돕습니다. 이해하는 일이 마음을 구원

합니다. 다음 HSP 체크리스트를 읽고 느낀 그대로 답해 보세요. 조금이라도 해당한다면 '네'라고 답하고, 전혀 해당하지 않거나 별로 해당하지 않는다면 '아니요'라고 답하면 됩니다.

HSP 체크리스트

1	자신을 둘러싼 환경의 미묘한 변화를 잘 알아차리는 편이다	네 / 아니요
2	다른 사람의 기분에 영향을 받는다	네 / 아니요
3	아픔에 매우 민감하다	네 / 아니요
4	바쁜 날이 이어지면 침대나 어두운 방 등 자신만의 시간을 가질 수 있고 자극에서 벗어날 수 있는 장소에 틀어박히고 싶다	네 / 아니요

5	카페인에 민감하다	네 / 아니요
6	밝은 빛이나 강한 냄새, 까칠까칠한 천, 사이렌 소리 등에 민감하다	네 / 아니요
7	상상력이 풍부해 자주 공상에 빠진다	네 / 아니요
8	소음에 민감하다	네 / 아니요
9	미술이나 음악을 감상할 때 깊이 감동한다	네 / 아니요
10	매우 양심적이다	네 / 아니요
11	툭하면 깜짝 놀란다	네 / 아니요
12	단기간에 많은 일을 처리해야 할 때 정신을 못 차린다	네 / 아니요
13	다른 사람이 못마땅한 표정을 짓거나 불쾌한 생각을 하고 있을 때 어떻게 하면 기분이 풀릴지 바로 안다	네 / 아니요

14	한 번에 여러 가지 일을 부탁받는 게 싫다	네 / 아니요
15	실수를 하거나 뭔가를 잊어버리지 않도록 항상 신경 쓴다	네 / 아니요
16	폭력적인 영화나 방송은 보지 않으려고 한다	네 / 아니요
17	너무 많은 일이 주변에서 일어나면 불쾌해지고 신경이 예민해진다	네 / 아니요
18	배가 고프면 집중할 수 없거나 기분이 나빠지는 등 신체 반응이 뚜렷하다	네 / 아니요
19	생활에 변화가 생기면 혼란스럽다	네 / 아니요
20	섬세한 향기나 맛, 소리, 음악 등을 선호한다	네 / 아니요
21	혼란한 상황을 피하는 것을 최우선으로 한다	네 / 아니요

22	일을 할 때 경쟁 상황이 되거나 누가 쳐다보면 긴장해서 평소 실력을 발휘하지 못한다	네 / 아니요
23	어린 시절 부모님이나 선생님에게 예민하다거나 내성적이라는 말을 종종 들었다	네 / 아니요

* \<The Highly Sensitive Person\>을 바탕으로 작성

 득 점 평 가

위의 질문에 **12개 이상** '네'라고 답했다면 아마 HSP일 겁니다. 하지만 '네'가 **하나밖에 없어도** 그 경향이 매우 강하다면 HSP 일 가능성이 있습니다.

4

'착한 아이'에
갇혀 버린 나

남들에게 미움받고 싶지 않아!

요즘 젊은 세대들은 참 힘들겠다는 생각이 들어요. 왜냐하면 SNS로 친구와 계속 연결돼 있으니까요. 스마트폰을 항상 옆에 두고 SNS로 친구의 일상을 살핍니다. 신경이 쉴 틈이 없어서 피곤할 것 같아요. 언제 어디서나 연락할 수 있으니 편리하고 즐거운 일도 많겠지만 "답장이 바로바로 안 오더라고" "읽씹하더라?"라며 친구들이 따돌리거나 괴롭힘으로 발전하는 경우도 적지 않아요.

따돌림의 대상이 되면 학교에 있을 때뿐만 아니라 밤과 낮, 평일과 휴일을 가리지 않고 공격이 이어져요. 심한 욕설을 듣거나 헛소문이 퍼져 마음이 갈기갈기 찢기는 경험을 하기도 하죠.

- 남들과 똑같이 행동하면 일단 안심이 된다
- 누군가에게 반감을 사면 곤란해지니까 하고 싶은 말이 있어도 꾹 참는다
- 내가 속한 그룹에서 따돌림을 당하면 끝장이기 때문에 하고 싶지 않은 일이라도 해야 한다

미움받고 싶지 않아서, 따돌림 당하는 게 무서워서 무리해서 관계를 유지하고 다른 친구들과 비슷해지려고 노력하는 사람들이 있습니다. 여러분도 그런가요? 그런데 남과 비슷하게 행동하는 일이 진정으로 '자신을 지키는 일'이 될 수 있을까요?

자기 자신을 지킨다는 것은 어떤 것일까요? 남들에게 미움받고 싶지 않다는 마음이 지나치게 강한 나머지 자기 자신을 괴롭히고 상처 입혀서 몸과 마음이 병드는 경우도 적지 않아요. 이 장에서는 그런 마음의 메커니즘과 자신을 보호한다는 것에 관해 이야기하려고 합니다.

친구 관계에 민감한 시기

여러분이 친구와의 관계를 무엇보다 중요하게 생각하는 것은 성장 과정에서 봤을 때 지극히 자연스러운 일이에요. 어린 시절에는 부모님을 가장 신뢰하고 소중하게 여기죠. 그러다 10살 무렵에 자아가 싹트기 시작하면서 마음의 자립이 시작됩니다. 공감대를 형성할 수 있는 또래에게 친근감을 느끼며 친해지기를 바라죠. 그래서 친구들을 매일 만납니다. 부모님에게 말하지 못하는 이야기도 마음 편히 이야기하죠. 공감하고, 때로는 자극을 주고받고, 울고 웃으며 많은 시간을 함께하기 때문에 친구가 소중한 존재가 되는 것은 자연스러운 일이에요.

그런데 친구 관계를 잘 맺는다는 게 쉽지가 않아요. 이시기에는 나라는 사람은 어떤 존재인지, 다른 사람은 어떤 존재인지를 생각하며 '타인의 눈'을 의식하게 되거든요. 그리고 다른 사람들이 자신을 어떻게 보고 있는지에 매우 민감해져요. 다른 사람과 자신을 비교하는 마음도 싹틉니다. '○○는 눈도 크고 예뻐. 그에 비하면 나는…' '△△네 집은 부자야. 그에 비하면 우리 집은…' '영어랑 수학은 □□보다는 내가 더 잘하지'라고 친구와 비교하면서 열등감이나 우월감을 가지기도 하고 부러움이나 질투 등 다양한 감정을 느끼기도 해요.

사춘기는 호르몬의 영향으로 기분이 자주 바뀌는 데다가 뇌에서 억제하는 힘이 제대로 갖춰지지 않았기 때문에 감정이 폭주하기도 합니다. 그러다 보니 친구와 트러블도 자주 발생하죠. 특히 온라인에서는 무심결에 내뱉는 말이 많아 상처를 주기 쉬워요.

어느새 사라져 버린 '나'

문제는 그렇게 롤러코스터처럼 오르락내리락하는 친구 관계를 '유지하는 일'에 마음을 지배당하다 보면 친구에게 인정받아야 나의 존재 가치가 있다고 생각하기 쉽다는 거예요. 친구들과 자주 연락하는 내 모습이 나다운 것이라는 생각에 사로잡히고 마는 거죠. 다른 사람에게 인정받지 못하면 불안하고 나답지 못하다고 느끼게 됩니다. 그래서 친구에게 미움을 사면 끝장인 것처럼 생각하기 쉬워져요. 친구에게 인정받으면 기분 좋은 만족감을 느끼지만 반대로 친구에게 인정받지 못하면 강한 불안을 느끼게 됩니다. 자신이라는 인간의 존재 가치가 위태로워지는 것 같은 기분이 들기도 하죠.

'미움받을까 봐 무서워. 남들에게 사랑받고 싶어.' '따돌림당하고 버림받을까 봐 두려워.' 그래서 하고 싶은 말이 있어도 입을 다물어요. 모두와 똑같이 행동하면 일단은 안심이라고 생각하죠. 속마음을 드러내지 않아요. 미움받는 게 두려워 남들에게 맞추려고 무리합니다. 그러다 보면 즐겁고 소중해야 할 친구와의 관계가 어느새 불편하고 힘들어집니다.

어디서부터 잘못된 걸까요? 자신의 존재 가치를 친구와의 관계에서 찾으려고 하는 데서부터 잘못된 거예요. 좋은 우정은 자기 내면을 소중히 할 때 자라납니다.

자아와 마음의 경계선

'자아'라는 말을 들어 본 적이 있나요? 쉽게 말하면 스스로 생각하는 자기 자신의 모습이에요. '나는 ○○이 좋아' '저건 싫어' '이런 일이라면 계속할 수 있을 것 같아' '이건 용서할 수 있지만 저건 안 돼' 같이 작은 일이 쌓이면서 자신이 어떤 인간인지에 대한 외곽선이 조금씩 만들어집니다. 우리는 그 외곽선 안쪽, 즉 마음 편하게 있는 영역에서는 그다지 스트레스를 받지 않습니다. 사람은 성장하면서 자연스럽게 외곽선을 그어 나갑니다. 그 외곽선은 다양한 자극으로 부터 자신을 지키는 마음의 울타리가 돼요. 자기 안에 타인에게 상처받지 않는 구역이 만들어지는 거예요. '마음의 경계선'이 만들어진다는 것은 바로 이런 뜻이에요.

자아라고 하면 자기 자신의 생각 같은 것을 떠올리는 사람도 있을지 모르겠네요. 분명 그런 의미도 있지만 다른 사람과 구분된 자기 자신이라는 의미도 있다는 사실을 알아야 합니다.

마음의 경계선이 분명한 사람은 다른 사람과도 명확하게 구분됩니다. 자신이 어디까지 주장해도 될지 분명하게 알고 있죠. 자아가 지나치게 강하면 주변을 무시하고 자기 의사만 밀어붙이게 되거든요. 제멋대로 결정하고 움직이는 거죠.

그렇다면 반대로 자아가 지나치게 약하면 어떻게 될까요? 자아가 제대로 형성돼 있지 않으면 자기 중심이 흔들려요. 마음의 경계선 역시 모호해지죠. 다른 사람과 구분된 자기 자신이 없기 때문에 자신을 인정해 주는 다른 존재를 찾게 됩니다.

놀랐나요? 외부에서 자신을 인정해 주는 존재를 찾으려는 사람은 자아가 제대로 만들어지지 않은 사람일 가능성이 높아요.

자기 자신이 없는 사람

마음의 문제를 안고 정신과 클리닉에 오는 청소년들에게 저는 이렇게 묻습니다. "너 자신이 어떤 존재라고 생각하니?" 그러면 이런 대답을 들을 때가 많습니다. "음… 글쎄요? 너무 여러 가지라 쉽게 대답할 수가 없어요.""그래? 그럼 너의 좋은 점이 뭔지 얘기해 줄 수 있니?" 이렇게 물으면 말문이 막힌 듯 아무 말도 하지 못합니다. 나쁜 점은 잔뜩 이야기할 수 있는데, 좋은 점은 말하지 못해요. 이런 친구들은 자아가 제대로 형성돼 있지 않은 거예요. 그래서 자기 마음의 경계선을 잘 모르는 거지요. 왜 그렇게 됐을까요? 3가지 원인을 꼽아 볼 수 있어요.

① 과보호와 간섭을 받고 자란 경우
② 어린 시절에 겪은 트라우마(학대나 방임 등)를 극복하

지 못한 경우

3 기질적으로 민감해서 다른 사람의 감정을 쉽게 읽는 경우

 과보호와 간섭을 받은 경우

어릴 때 "그렇게 하지 말고 이렇게 해" "그렇게 쓰면 안 돼" "너한테는 이 색이 어울려" 하면서 부모님이 항상 나서서 길을 만들어 주면 나중에 어떤 일을 할 때 그게 자기가 하고 싶은 일인지 부모님이 하라고 해서 하는 일인지 구분하지 못하게 돼요. 성장 과정에서 반항기가 찾아와 "나는 그렇게 하고 싶지 않아!"라고 말하게 되면 그나마 괜찮아요. 그런데 그런 말조차 하지 못하고 크는 아이도 있습니다.

'부모님이 하는 말이 맞겠지' 하고 넘어가면 그게 부모님이 바라는 것인지, 아니면 자신도 바라는 것인지 판단하지 못하게 돼요. 진짜 자아인지 만들어진 자아인지 구별하지 못하는 거죠.

마음에 트라우마가 있는 경우

어린아이에게 부모는 생명줄과도 같아요. 그래서 부모님에게 버림받는 것같이 마음에 깊은 상처를 입는 경험을 하면 '말을 듣지 않으면 또 버림받지 않을까?' 하는 강한 불안을 느낍니다. 괴로워도 상대방이 하라는 대로 하면 버림받지 않을 거라는 생각이 마음속 깊은 곳에 자리잡게 되는 거죠.

트라우마는 어린 나이에 겪었다 하더라도 마음에 계속 남아 삶의 방식에 영향을 줘요. 친구에게 따돌림을 당해도 그 집단에서 벗어나지 못하거나 사귀는 사람이 폭력을 휘두르는 등 나쁜 짓을 해도 헤어지지 못하는 사람은 어린 시절에 겪은 트라우마가 마음에 그림자를 드리우고 있는 경우가 많습니다.

 민감해서 남의 기분을 잘 읽는 경우

다른 사람의 감정에 유독 민감한 사람이 있습니다. 이들은 상대가 무엇을 바라는지 금방 알아차립니다. 그래서 '엄마는 내가 이렇게 하면 기뻐하겠구나'를 알기 때문에 자기 마음과는 다르지만 엄마가 기뻐할 일을 선택해요. 친구 관계에서도 마찬가지예요. 자신의 감정을 억누르고 상대에게 맞추는 일이 습관이에요.

과보호나 간섭, 트라우마, 민감 기질 중 어느 하나 혹은 몇 가지가 겹치면 자아가 제대로 성장하지 못해요. 자기 감정을 계속해서 숨기다 보니 진짜 자신을 잃어버리고 말지요. 억눌린 감정은 점점 부풀어 오르며 자기도 모르는 사이에 커다란 스트레스가 돼 몸과 마음을 괴롭혀요. 우울증에 걸리거나 패닉을 일으키거나 몸과 마음에 스트레스 증상이 나타나는 사람 중에 이런 사람이 꽤 많아요.

'착한 아이'와 '좋은 사람'이 위험한 이유

최근에는 남에게 미움받고 싶지 않은 마음이 강해 자신을 드러내지 못하는 사람이 상당히 많습니다. 자기 자신이 없는 사람, 그리고 그 예비군에 속한 사람이 늘고 있다는 뜻이죠. 혹시 여러분은 다음과 같이 생각하고 있지는 않나요?

- 진짜 자신을 드러내지 못해서 캐릭터를 만들고, 가면을 쓴 자신을 연기한다
- 다른 사람의 부탁을 거절하지 못한다
- 부모님 말을 거역하지 못한다
- 자기주장을 하기보다는 상대방에게 맞추는 편이 낫다고 생각한다

캐릭터를 만들어 가면을 쓰는 행위에 자신의 가짜 모습으로 다른 사람을 속이려는 의도가 있는 것은 아니에요. 이런 사람들은 남들이 자신에게 그런 모습을 원하는 것 같다고 생각하거든요. 분위기를 너무 민감하게 읽거나 성실한 성격인 경우가 많습니다. 학교나 가정에서 '착한 아이'라고 불리거나 주위에서 '성격 좋다'라는 말을 자주 듣는 사람이 자기도 모르는 사이에 다양한 문제로 스트레스를 받는 경우가 많은 것 같습니다. 공부도 잘하고 사람들에게 신뢰를 받는 착실한 아이가 갑자기 몸이 안 좋아져서 학교에 가지 못하게 되는 경우 같은 거죠. 주위 사람들은 '그 아이가 왜 등교 거부를 하지?' 하고 놀라지만 본인은 그렇게 되기까지 오

랫동안 '나는 항상 착한 아이여야만 해'라는 부담을 안고 있었던 것이지요. 만들어진 자아와 진짜 자신 사이에서 더는 버틸 수 없게 된 거예요.

자아가 있기 때문에 자기 자신을 지킬 수 있습니다. 또 마음의 경계선 영역 안에 있으면 보호받을 수 있고요. 적어도 엄청난 스트레스를 받을 일은 없어요. 하지만 우리는 다른 사람들이 원하는 자신의 모습을 연기하기 위해 무리합니다. '사실 나는 이걸 별로 좋아하지 않지만 좋아한다고 해야 얘가 기뻐할 것 같으니까 좋아하는 것처럼 행동하자.' '거절하기 미안하니까 그냥 하지 뭐. 다른 사람들도 내가 하기를 바라고 있는 것 같으니까….' 이런 감정이 자꾸만 쌓여 갑니다. 그렇게 되면 마음의 경계선이 사라져요. 방호벽이 뚫려서 무너지고 말지요. 자신을 지켜 줘야 할 자아가 방호벽 기능을 하지 못하게 되는 것입니다.

자신만의 기준을 가지자

인간관계의 어려움은 마음의 경계선을 어떻게 설정하느

나에 따라 커질 수도 있고 작아질 수도 있어요. 그러니 우리는 스스로 돌아볼 필요가 있습니다. '나는 이걸 정말로 좋아할까?' '이 일을 진심으로 하고 싶은 걸까?'를 묻는 것이지요. 그러면 자기다운 결정을 내릴 수 있어요.

자기답다는 게 무엇인지 알려면 지금의 자신을 의심해 봐야 합니다. 이때 생각의 기준은 다른 사람이 아닙니다. '미움받지 않을까?' '남들이 어떻게 생각할까?' '다른 사람과 비교해 보면 어떨까?'가 아니라 자신이 어떤지를 기준으로 삼아야 해요. 자기 안에 있는 '기쁘다' '즐겁다' 혹은 '슬프다' '힘들다'라고 느끼는 기분을 기준으로 삼는 거죠. 즉 '어떻게 보일까?'가 아니라 '나는 어떻게 하고 싶은가?'를 척도로 삼는 거예요. 나의 척도가 세상의 척도, 다른 사람의 척도가 돼 버리면 자기 경계선을 그을 수가 없습니다.

"No"라고 말하는 용기는 경계선이 있어야 생긴다

사람을 건강하게 잘 사귀는 사람은 마음의 경계선이 분명합니다. 어떻게 하고 싶은지 자신만의 축이 있기 때문에 싫은 것은 싫다고, 못하는 건 못한다고 말할 용기가 있지요.

거절하면 미움을 산다고요? 아닙니다. 왜 거절하는지 제대로 설명하면 대부분의 사람은 이해합니다. 상대방이 이해할 만한 방법으로 자신의 의견을 전달하면 됩니다. 물론 아무리 성의를 다해 설명해도 이해해 주지 않는 사람도 있어요. 그러면 그것은 그 사람의 마음의 경계선 때문이라고 생각하면 그만이에요. 자신의 경계선과 상대방의 경계선에 타협점을 찾을 수 없다면 '살다 보면 이런 사람도 있는 거지 뭐' 하며 깊이 관여하지 않으면 됩니다.

가까이 다가갈 수 있을 것 같으면 다가가는 편이 좋겠지요. 그런데 다가가기 어려워 보인다면 '이 사람과는 인연이 아닌가 보다' 하면 그만입니다. 모든 사람에게 사랑받으려고 애쓰지 않아도 괜찮아요. '나는 나, 너는 너'라고 생각하는 것은 무관심하거나 냉정한 것과는 다르거든요. 당당하게 자신의 생각을 밝히는 것은 자기 자신을 인정할 수 있다는 뜻이기도 합니다. 자기 안에 자신이 분명하게 존재한다는 말이지요.

'마음의 경계선'을 분명하게 긋고 자신을 지킵시다!

나답게 살아가기 위한
4가지 행동 습관

5

몸과 마음의
습윤 환경 만들기

마음에 괴로움이 쌓여 몸으로 나타나기 시작했다면 의사를 찾아가야 합니다. 진료 과목이 세세하게 나뉘어 있는 대형 병원보다는 어려서부터 다녔던 동네 병원에 가는 게 좋아요. 자신이 겪고 있는 어려움을 가벼운 마음으로 이야기하는 게 중요하거든요. 증상이 동네 병원에서 치료할 수 있는 범위를 넘어선다면 의사가 다른 적당한 병원을 소개해 줄 겁니다.

자율 신경의 이상은 약으로는 고치지 못하지만 수면유도제로 숙면을 유도하거나 항불안제로 강한 불안 증상을 누그러뜨리기도 합니다. 또 호르몬제로 호르몬 밸런스를 조정하는 방법을 쓰기도 해요. 하지만 한창 성장기인 10대에게 약을 많이 쓰는 건 바람직하지 않아요. 약에는 부작용이 따르기 마련이거든요. 더군다나 호르몬 밸런스가 흔들리고 있는 성장기에는 몸이 약에 상당히 민감하게 반응합니다. 그래서 가능하면 약을 사용하지 않고 대처하는 편이 좋아요.

여러분이 스스로 병원에 가겠다고 하는 경우는 거의 없을 거예요. 아마 부모님이 판단해서 데리고 가는 경우가 대부분이겠지요. 그렇다고 부모님이나 의사에게만 이런 문제를 맡겨서는 안 됩니다. 최소한 이 장에 나와 있는 내용 정도는 알아 두는 게 좋아요.

가족들이 아무리 발 벗고 나서서 걱정해 준다고 하더라도 몸과 마음의 상태를 들여다보고 괴로움과 고통을 해결하는 것은 여러분 자신의 몫입니다. 자신의 상황을 어떻게든 해결하고 싶다면 의식적으로 '내 일이니까 내가 주체적으로 마주할 거야!'라고 다짐합시다. 몸과 마음이 빨리 편안해지려면 이러한 결심이 가장 중요하다는 사실을 잊지 마세요.

몸에는 회복하는 힘이 있다

최근 들어 상처를 치유하는 방식이 달라지고 있어요. 예전에는 베이거나 긁히거나 화상을 입는 등 어떤 상처를 입으면 일단 소독하고 약을 바른 다음 거즈나 반창고를 붙이는 방법으로 치료하는 게 보통이었죠. 그런데 최근에는 소독약을 사용하지 않고 물로만 닦아 내고 환부가 마르지 않게끔 촉촉한 환경을 유지해야 한다고 말해요. 그렇게 해야

흉터가 남지 않고 깨끗하게 낫는다는 겁니다.

이를 '습윤 환경'이라고 부릅니다. 상처가 마르지 않도록 촉촉한 상태로 두는 편이 망가진 세포를 재생시키기 쉽다는 사실, 즉 몸이 가지고 있는 '회복하는 힘'을 활용하는 법을 알게 된 거예요. 어느 집에나 반창고가 있을 겁니다. 예전에 만들어진 반창고에는 상처가 마르도록 공기를 통과시키는 작은 구멍이 뚫려 있지만, 요즘에 나오는 반창고는 상처를 확실히 보호하고 보습하게 돼 있어요. 2가지를 놓고 비교해 보면 차이를 분명하게 알 수 있죠.

마음의 상처도 마찬가지예요. 마음에 상처를 입으면 일정 기간은 습윤 환경에서 몸과 마음을 쉬게 해야 합니다. 몸 안쪽에서부터 자연 치유의 힘이 솟아 나오도록 만드는 게 중요해요.

우리 몸에는 앞에서도 이야기한 항상성이 있습니다. 자율 신경이 흐트러지면 여러 가지 증상이 나타나면서 매우 괴로워요. 자신이 다른 사람처럼 느껴질 때도 있어요. 때로는 차라리 죽는 게 낫겠다는 생각이 들기도 하죠. 그런데 몸은 그 사람의 수명이 다할 때까지 항상성을 유지하기 위해 몸에서 일어나는 이변에 계속해서 대처하려고 해요. 본인의 의지와는 상관없이 말이죠. 마음은 괴롭고 힘들어서 바닥을 치고 있다고 생각할지 모르지만 그런 상황에서도 몸은 회복하기 위해 애쓰고 있어요.

몸과 마음은 연결돼 있습니다. 마음의 괴로움이 신체적인 증상을 일으킨다는 것은 반대로 말하자면 몸의 상태를 바로잡으면 마음도 회복하기 쉬워진다는 뜻이에요. 그러니 자연 치유하는 몸의 힘을 이용해서 마음을 달래 봐요. 병원에 가기 전에 할 수 있는 일이 있다는 사실을 알아 둡시다. 그리고 실천해 보는 거예요. 그 부분은 이 책의 후반부에서 다룰 예정입니다.

등의 긴장을 풀면 바뀌는 것

지속적으로 스트레스를 받고 고민하는 사람은 스스로 깨닫지 못하는 사이에 몸에 어떤 문제가 나타납니다. 무의식이 겉으로 드러나는 거죠. 예를 들어 자율 신경 기능 이상인 사람은 등이 구부정한 경우가 많아요. 등허리에 긴장이 쌓여 있기 때문이에요. 이런 사람은 등에서 어깨, 그리고 목까지 딱딱하게 굳어 있습니다.

등이 새우처럼 굽으면 어떻게 될까요? 가슴이 움츠러듭니다. 그래서 숨을 깊이 쉬기 어렵고 가슴이 답답하죠. 배에 힘이 들어가지 않아 몸이 흐느적거려요. 걸을 때 보폭이 작아져 기운이 없어 보이고요.

그러면 딱딱하게 굳은 등 근육을 풀어 주면 어떻게 될까요? 일단 등줄기가 펴집니다. 등줄기가 펴지면 폐에 공기를 많이 넣을 수 있어서 호흡하기 쉬워져요. 또 호흡을 깊게 하면 숨이 막히거나 가슴이 답답한 증상이 사라지지요. 아랫배에 힘이 들어가면 큰 보폭으로 활기차게 걸을 수 있어요. 등이 펴지면 고개가 올라가고 시선은 자연스럽게 앞을 향하게 됩니다. 시야가 넓어지고, 기분도 밝아져요. 새우등으로 다니면 목이 앞으로 나와서 아무래도 고개를 숙이게 되거든요.

구부정한 자세가 펴지면 이렇듯 여러 가지가 달라집니다. 물론 이것만으로 자율 신경 기능 이상이 충분히 치료된다는 뜻은 아니에요. 흐트러진 자율 신경의 리듬을 되돌리기 위해서는 그 밖에도 다양한 노력이 필요하답니다. 하지만 등의 긴장만 풀어 줘도 몸과 마음이 꽤 편안해져요. 몸과 마음은 연결돼 있어서 마음의 괴로움이 몸으로 나타나기도 합니다. 따라서 몸의 상태를 바꾸면 자연스럽게 마음의 상태도 바뀌어요. 그런데 이 사실을 알고 있는 사람이 의외로 많지 않습니다(등의 긴장을 푸는 구체적인 방법은 157쪽에서 소개하겠습니다).

서양 의학과 동양 의학의 차이

등의 긴장을 푸는 방법은 정확히 이야기하면 의학적인 방법은 아니에요. 저는 이 방법을 추나 요법 전문가에게 배웠어요. 여러분에게는 생소할 수도 있는데 추나나 지압, 침이나 뜸으로 뒤틀린 몸을 바로잡는 기술이 있어요. 오랜 옛날 인도와 중국에서 시작됐는데, 이를 동양 의학이라고 부릅니다.

서양 의학과 동양 의학의 차이를 고장 난 기계를 수리하는 방법으로 설명해 볼게요. 기계가 고장 나서 멈췄을 때 서양 의학에서는 어느 부분이 고장 났는지부터 찾습니다. 고장 부위를 확인하기 위해 검사를 하고, 고장 난 부분을 고치거나 부품을 교환하죠. 이것이 서양 의학의 사고방식입니다. 한편 동양 의학에서는 왜 고장이 났는지를 생각합니다. 고장의 원인이 무엇인지부터 생각하는 거지요. 기계 부품의 문제를 찾는 것이 아니라 그곳에 이상이 생긴 이유를 기계 전체의 연관성에서 보고, 고장의 원인을 제거하려고 하죠.

최신 과학 기술을 적극적으로 도입하고 발전시켜 여러 가지 병을 고칠 수 있게 된 것은 서양 의학의 공적이 분명합니다. 하지만 몸의 특정 부분만 놓고 생각하면 해결이 안 되는 경우도 많아요. 그런 점에서 동양 의학은 몸과 마음의 연관성을 생각하기 때문에 의사인 저도 몰랐던 것을 깨닫는 부분이 많습니다. 서양 의학에 바탕을 두면서도 동양 의학의 지혜를 도입하는 것을 '통합 요법'이라고 부르는데, 저는 이 방법을 사용하고 있답니다. 그래서 서양 의학이 아닌 다른 방법으로 몸을 치료하는 사람들에게도 중요한 가르침을 얻고 있어요.

병은 키울수록 독이 된다

지금은 많이 바뀌고 있지만 과거 정신 의학에서는 마음의 병이 몸으로 나타나면 약이 신경에 직접 작용하는 치료 방법을 사용했습니다.

저는 소아정신과 의사로서 가능하면 약을 사용하고 싶지 않았습니다. 그래서 다른 치료 방법을 생각하다가 동양 의학을 공부하게 됐어요.

동양 의학에는 '미병(未病)'이라는 개념이 있습니다. 아직 병으로 발전하지 않은 상태를 이르는 말인데요. 이 미병 단계에서 잘 대처해 병으로 발전하지 않게 하는 것을 치료의 목적으로 삼아야 합니다. 앞에서 말한 등의 긴장을 푸는 것도 병을 예방하는 방법이에요.

일단 악화되고 나면 몸과 마음이 점점 괴로워져요. 정말 지칠 대로 지치고 난 다음에는 치료하는 데 시간이 오래 걸리지요. 미병 단계에서 치료하는 편이 훨씬 좋습니다.

은둔형 외톨이 기간은 몸조리 기간

동양 의학 개념 중에 개인적으로 정말 좋다고 생각하는 것은 '양생(養生)'이라는 개념입니다. 충분히 휴식을 취하고 균형 잡힌 식사와 적절한 운동으로 몸을 준비하는 기간을 가지라는 건데요. 한마디로 몸이 스스로 치유할 수 있게끔 몸 상태를 만들어 두어야 한다는 뜻입니다.

한두 번 등교를 거부하다가 급기야 은둔형 외톨이가 되면 본인이나 가족이나 매우 불안해져요. 어느 추나 요법 선생님이 이런 말을 하더군요. "자율 신경 질환이 발병하면 증상이 가라앉을 때까지 무조건 쉬세요. 이미 마음에 불안과 고민이 넘치는 상황이기 때문에 수위가 내려갈 때까지는 일단 쉬어야 합니다."

'마음의 홍수' 상태를 극복하기 위해 몸은 휴식을 원하고 있습니다. 자신을 치료하려는 힘이 작용하는 거죠. 이럴 때 '나는 지금 양생 기간이 필요한 거야'라고 생각합시다. 자기 안에서 나오려는 힘이 솟아나는 데 필요한 시간이라고 생각하면 됩니다.

등교를 거부하면 왠지 부모님이나 선생님을 거스르는 행

동을 하는 것처럼 느끼기 쉬워요. 하지만 저는 그런 행동을 자신을 치료하기 위해 몸의 목소리를 듣고 있는 거라고 생각합니다.

"왜 학교에 못 간다는 거야?" "대체 무슨 생각이야?" "그래서 언제 다시 갈 건데?" 이렇게 따져 묻는다 한들 본인도 이유를 알지 못해요. 그렇기 때문에 대답할 수가 없죠. 이런 질문을 하는 것은 상처에 쓰라린 약을 바르고, 막 아물기 시작한 딱지를 떼어 내는 것과 같아요.

앞에서도 이야기했듯 습윤 환경이 중요합니다. 그중에서도 생활 리듬과 식사에 신경을 써야 합니다. 그리고 기분보다 몸을 의식하고 고치는 일을 우선으로 해야 해요. 그러면 자연 치유의 힘이 움직여서 회복하는 때가 반드시 찾아올 겁니다.

안전한 보금자리가 있어야 쉴 수 있다

학생이라면 누구나 학교에 가기 싫다고 생각할 때가 있을 겁니다. 그럴 때 학교를 빠지겠다고 했다가 "무슨 소리야? 진짜 배 아픈 거 맞아? 꾀병 아니야?" "지난번에도 학교 빠지고 집에서 놀았잖아"라는 말을 들은 적이 있나요? 서글 픈 일입니다. 만약에 제가 그런 말을 듣는다면 스트레스로 복통이 더 심해질 것 같네요.

학교에 가고 싶지 않다는 말을 부모님이 어떻게 받아들 일지는 우리에게 매우 중대한 문제입니다. 부모님이 우리의 주장을 부정하지 않고 "그래? 그럼 오늘은 쉬어"라고 말해 주면 한시름 놓게 되죠. 자신의 주장이 받아들여져서 자유 가 보장되고 부모님이 믿어 준다는 사실에 안심할 수 있기 때문입니다.

안심할 수 있는 환경이 자신의 뒤를 받쳐 준다는 것은 참 고마운 일입니다. 학창 시절에 은둔형 외톨이 생활을 하 던 사람이 회복한 뒤에 자신의 과거를 회상하며 이런 말을 했습니다. "가족들에게 '짜증 나!' '나 좀 내버려 둬!'라며 소 리를 자주 질렀는데 사실은 내버려 두지 않기를 바랐어요." 그는 "아직도 학교에 못 가는 거야?" "빨리 어떻게든 해야지, 원" 같은 말은 듣고 싶지 않았다고 해요. 솔직히 자신도 초 조했거든요. 그렇다고 완전히 내버려 두기를 바란 것도 아니었어요. 바깥세상이 어떻게 돌아가고 있는지 듣고 싶었다고 하더군요. 그런 그에게 엄마가 날마다 일상에서 있었던 일들을 담담하게 이야기해 줬다고 합니다. "오늘 조금 춥다 했더니 역시 눈이 내렸어." "길에서 초등학교 시절 네 친구였던 ○○을 만났지 뭐니. 지금은 □□고등학교에 다니고 있대. 얼마 전에 반장이 됐다고 하더라." "누나한테 남자친구가 생겼대." 이런 이야기를 아무 대꾸도 하지 않는 아들에게 꾸준히 했다고 하더라고요. 엄마의 이야기는 방에 틀어박혀 인터넷으로만 정보를 얻던 그에게 한 줄기 빛이 됐습니다. 그는 '내가 이러고 있는 동안에도 세상은 변함없이 움직이는구나' 하는 생각에 왠지 모르게 안심했다고 합니다. 당시에는 엄마의 말에 아무런 반응도 할 수 없었지만 그런 식으로 자연스럽게 바깥 이야기를 들려줘서 지금도 감사하고 있다고 하더라고요.

이처럼 잠시 쉬는 기간을 이해해 주고 보장해 주는 환경은 매우 중요합니다. 때가 되면 어떤 일이 계기가 돼 움직이기 시작할 테니까요.

변화는 때를 기다린다

마음이 힘든 사람은 어떤 특징이 겉으로 드러난다는 이야기를 했었죠. 항상 마스크를 쓰고 다니는 사람은 다른 사람들에게 자신을 보이기 싫어하는 방어적인 마음이 강하다는 것도요.

정신과 클리닉에 다니는 사람이 마스크를 벗는다는 것은 마음의 문을 열고 한 발짝 나아갔다는 증거예요. 저는 머리카락으로 얼굴을 가리는 청소년들을 꽤 많이 봐요. 앞머리를 길게 늘어뜨려서 얼굴이 잘 보이지 않는 헤어스타일을 하는 것도 자신을 감추고 싶다는 마음이 겉으로 표현된 거죠.

예전에 등교를 거부하고 은둔형 외톨이 생활을 해서 중학교 때부터 5년 정도 상담한 남학생이 있었어요. 늘 어머니 손에 이끌려 통원 치료를 받았죠. 그 친구는 뒤에서 보면 여자아이로 착각할 만큼 머리카락이 길었습니다. 마스크를 쓰고 다녔고, 등은 늘 구부정했어요. 처음에는 진료실에 들어와서 아무 말도 하지 않았습니다. 그런데 여러 가지 치료를 하면서 상태가 점점 좋아지더니 어느 순간부터 신나게

떠들기 시작했죠. 그때부터는 자세도 차츰 좋아졌습니다. 그러더니 어느 날 가슴까지 길렀던 긴 머리카락을 싹둑 자르고, 암 투병으로 머리카락을 잃은 아이들에게 가발을 만들어 주는 곳에 기부를 했습니다. 굽었던 등을 펴고 마스크까지 벗으니 마치 다른 사람이 된 것 같더라고요.

어떤 치료가 그 아이를 변화시켰는지는 저도 모릅니다. 분명 때가 무르익어 올 것이 온 것이겠지요. 어딘가에서 머리카락 기부에 대한 이야기를 듣고, 자기 머리카락으로 다른 사람을 도울 수 있다고 생각한 것이 하나의 계기가 된 것 같기도 하네요. 어쨌든 자기 안에 변하겠다는 생각이 싹트는 게 중요해요. 그 싹이 무엇인지 주변 사람들은 잘 모릅니다.

또 한 사람, 제가 진찰하던 환자 가운데 중학교 때부터 등교를 거부하고 20살이 넘어서까지 계속 집에만 틀어박혀 있던 친구가 있었어요. 어느 날 갑자기 그 친구가 저를 찾아오더라고요. 이야기를 들어 보니 설날에 동창들을 만나 자극을 받고 자기도 열심히 해야겠다는 생각이 들었대요. 마음의 스위치가 켜질 만한 어떤 계기가 있었던 거겠지요. 그

때부터 그 아이는 적극적으로 활동했습니다. 전문 학교에서 좋아하는 그림 공부를 하며 차츰 건강을 회복해 갔답니다.

사람들은 학교를 중간에 그만둔 아이는 동창들을 만나는 걸 꺼릴 거라고 생각해요. 하지만 반드시 그런 건 아니에요. 친구들이 활기차게 자신의 길을 걷는 모습을 보고 '아, 나도 내가 좋아하는 일을 하면 되겠구나!' 하며 마음의 문을 여는 경우도 있답니다.

상처받은 마음을 치료하고 싶다면

제대로 잘 쉬면서 자기 내면을 깊이 바라보는 과정을 거치면 언젠가는 사회에 나갈 수 있게 됩니다. 물론 매우 오래 걸리는 사람도 있어요. 그래도 충분히 쉬고 자신을 바라보는 기간을 거치면 반드시 앞으로 나아갈 수 있습니다.

자신의 생각과 마음을 감추려고 하면 쌓이게 돼요. 감추려는 노력을 멈추면 오히려 편안해진답니다. 마음 치료의 원칙은 일단 토해 내는 거예요. 토해 내면 거기서 나오는 것을 통해 자신을 볼 수 있거든요. 토해 낸다는 건 표현한다는 뜻이에요. 글을 쓰는 방법도 좋고, 누군가에게 이야기하는 방법도 좋아요. 메일이든 메신저든 상담할 수 있는 다양한 자리가 있어요. 고개를 푹 숙이고 자기 발끝만 바라보고 있으면 손을 내밀어 주는 곳이 있다는 정보를 놓치게 됩니다. 그러니 일단은 마음을 꺼내 놓아야 합니다.

어떤 사람은 다른 사람에게 말하지도 않고, 방법이 있다고 알려 줘도 움직이지 않아요. 그래서는 지금 자신이 느끼고 있는 고통과 괴로움이 변하지 않아요. 이처럼 'No!'로 일관하는 태도를 보이는 것은 불안이나 공포에 대해 마음의 문을 닫는 버릇이 든 사람의 특징입니다.

변하고 싶지만 변할 수 없다고요? 솔직하게 물어볼게요. 정말로 변하기 위해 움직이고 있나요? 마음속 깊은 곳에서는 불가능하다는 생각이 똬리를 틀고 있지는 않나요? '어쩔 수 없어'라고 생각하면 사고가 정지돼 앞으로의 일을 생각하지 않으려 해요.

반대로 '반드시 변할 수 있어' '분명 방법이 있을 거야'라고 반복하다 보면 계속해서 생각할 수 있게 된답니다. 계속해서 생각해야 비로소 해결책을 찾을 수 있어요. 그런 의미에서 '말'은 매우 중요합니다. 다음 장에서는 이런 말의 힘에 관해 이야기해 보겠습니다.

6

마음가짐을 변화시키는
말버릇

여러분은 어느 쪽인가요?

컵에 물이 반 정도 들어 있어요. 그걸 보면 여러분은 어떤 생각이 드나요?

- 이제 반밖에 안 남았네?
- 아직 반이나 있네!

'팩트'는 하나입니다. 그런데 그것을 어떻게 받아들이냐는 사람마다 달라요.

또 다른 질문을 해 볼게요. 등산을 하게 됐어요. 케이블카를 타는 대신 열심히 걸어서 올라가는데 목적지까지 3킬로미터 남았다는 표지판이 눈에 들어옵니다. 여러분은 어떤 생각이 드나요?

- 아직 3킬로미터나 남았다고? 앞으로 몇 시간을 더 걸어야 하는 거야? 숨쉬기도 힘들고 머리도 아파. 너무 지쳤어. 더는 올라갈 자신이 없어
- 이제 3킬로미터밖에 안 남았어? 어쩐지 몸이 좀 힘들다

싶었어. 이제 조금만 더 가면 되겠네. 반드시 정상까지 올라가고 말 거야!

여러분은 어느 쪽인가요? '아직 3킬로미터나 남았네'라고 생각하는 사람은 상황을 비관적으로 받아들이는 사람이에요. '이제 3킬로미터밖에 안 남았어'라고 생각하는 사람은 상황을 낙관적으로 받아들이는 사람이지요.

인간의 뇌에는 불안과 공포를 느끼는 '비관 뇌 회로', 즐거움과 보람을 느끼는 '낙관 뇌 회로'가 있어요. 어떤 상황을 받아들이는 방식이 다른 이유는 어느 회로와 연결되기 쉬운지 다르기 때문이에요. 이는 사람마다 다른 사고 습관의 차이에서 오는 거랍니다.

생각하는 습관 바꾸기

비관적으로 받아들이면 앞일이 걱정되기 마련이에요. '물이 떨어지면 어쩌지?' '여기서 다리가 더 아프면 정상까지 올라갈 수 없을 것 같아' 하며 아직 일어나지도 않은 일을 미리 걱정하면 스트레스의 '싹'이 되지요. 반면 같은 상황을 낙관적으로 받아들이는 사람은 '괜찮아' '어떻게든 될 거야'라고 생각합니다. 그래서 스트레스도 별로 느끼지 않고 자신감이 있어 보여요.

앞의 두 사람은 하나의 사건을 받아들이는 방식이 다릅니다. 모든 일에 지나치게 신경을 쓰는 사람은 스트레스가 쌓이기 쉬워요. 신경을 많이 쓰는 것은 타고난 성격이기 때문에 바꾸기가 쉽지 않죠. 신경 쓰지 않고 싶다고 생각해도 신경 쓰이는 건 어쩔 수가 없어요. 하지만 그런 민감한 성격이라고 해서 몸과 마음의 밸런스가 무너질 만큼 스트레스를 쌓아 두어야 하는 건 아니에요. 신경이 쓰이는 것은 바꿀 수 없지만, 그것을 받아들이는 방식은 마음만 먹으면 바꿀 수 있습니다. 이러한 방식을 고치기 위한 가장 확실하고 빠른 길은 '말'을 의식하는 거예요.

평소에 자주 쓰는 말을 돌아보자

말이란 무엇일까요? 생각이나 기분은 그것 자체만으로

는 몽글몽글한 느낌에 지나지 않습니다. 말이라는 형태로 만들어졌을 때 비로소 확실한 것이 되지요. 저는 이를 '스노볼'에 비유하는데요, 스노볼은 공 모양이나 돔 형태의 투명한 용기 안에 인형이나 건물 등의 미니어처 모형이 들어 있는 작은 장식품이에요. 선물 가게 등에서 흔히 볼 수 있지요. 안에는 하얀 가루가 잔뜩 들어 있어서 이리저리 움직이면 가루가 용기 안에서 날아올라 마치 눈이 내리는 것처럼 보입니다.

스노볼이 여러분의 머릿속이라고 한다면 하얀 가루가 두둥실 날아오르고 있는 상태는 무언가를 막연하게 '느끼고' 있거나 '생각하고' 있는 상태라고 할 수 있어요. 가루 하나하나가 생각의 씨앗인 거지요. 여러 가지 생각의 씨앗이 춤추고 있기에 시야가 좋지 못해요. 그렇게 두둥실 떠다니는 것들을 뇌에서 정리해 결정화시킨 것이 바로 말이에요. 말로 표현할 수 있을 때 비로소 확실한 형태가 됩니다.

글을 쓰거나 말을 할 때, 우리는 자신의 생각을 표현합니다. 말로 표현함으로써 의식을 가진 것이 되지요. 이때 불안 회로가 강한 사람은 생각이 걱정이나 공포, 두려움과 연결되기 쉽기 때문에 비관적인 말이 나와요. 더 낙관적으로 생각할 수 있는 요소가 있는데, 마이너스 요소하고만 연결시키는 버릇이 들었기 때문이에요.

심리 요법은 그러한 습관을 다양한 방법으로 고치는데, 말부터 고치면서 생각하는 습관을 바꿔 나가는 방법도 있어요. 이는 인지를 말이나 행동으로 바꿔 가는 '인지 행동 요법' 가운데 하나랍니다.

평소에 사용하는 말을 바꾸면 생각하는 습관과 어떤 사건을 받아들이는 방식도 점차 달라집니다. 비관적인 사고 습관을 고치면 삶의 방식도 크게 변화된답니다.

열 받는 감정은 무엇일까?

저에게 상담을 받던 초등학생 남자아이는 한때 열 받는다는 말을 입에 달고 다녔습니다. 그래서 어느 날 저는 "열 받는다는 건 어떤 감정이야? 선생님은 잘 모르겠는데 좀 알려 줄래?"라고 물었지요. 그러자 아이는 학교에서 있었던 일을 이야기해 줬습니다. 그날 친구와 있었던 일 때문에 화가 나 있더라고요. 이야기를 듣고 나서 "그런 일이 있었구나? 그건 '억울하다'는 감정이네"라고 말했습니다. 그러자 아이는 "아, 이게 억울하다는 감정이구나…"라고 하더군요.

당시 초등학교 3학년이었던 아이는 억울하다는 말을 들어 본 적은 있지만, 그것이 정확하게 어떤 감정인지 자기 안에서 정리되지 않은 상태였던 것 같아요. 이럴 때는 다들 열받는다고 말하니 그 말밖에는 떠오르지 않아서 쓰고 있었던 거예요. 열 받는다는 말이 어떤 감정을 가리키는지도 잘 모르면서 말이지요.

또 어느 날은 "아, 열 받아! 진짜 열 받네"라고 하기에 왜 그러냐고 물었더니 좋아하는 만화책 신간이 나와서 사러 갔는데 이미 다 팔려서 못 샀다고 하더군요. 그래서 "그것 참 안타깝게 됐네. 그런데 지금 느끼는 건 '아쉽다'는 감정이야. 서점에 주문해 두면 책이 들어왔을 때 연락을 받을 수 있더라고. 아니면 엄마나 아빠한테 부탁해서 인터넷 서점에서 주문하는 방법도 있어. 아, 그리고 아쉽다는 건 '다음에 기회가 또 있다'는 뜻이기도 해"라고 이야기했더니 마음이 좀 진정된 것 같아 보였습니다.

부정적인 감정을 표현하는 말에는 여러 가지가 있어요. 그런데 열 받는다밖에 모르면 싫은 감정을 느낄 때마다 이 단어를 사용하게 됩니다. 혹시 여러분도 자신의 감정을 제대로 표현할 만한 단어를 찾지 못해 그냥 늘 쓰던 단어를 사용하고 있지는 않나요?

"짜증 나" "죽는다"라는 말 뒤에 있는 감정

"짜증 나" "죽는다"라는 말도 비슷하다고 생각해요. 짜증 난다는 것은 '번거롭다' '시끄럽다' '성가시다' '귀찮다' 등의 불쾌한 감정을 나타내는 단어지요. 그런데 짜증 난다는 말은 상대방에게 자신의 어떤 기분을 전달하는 말일까요? 성가시니까 내버려 두었으면 좋겠다는 걸까요? 귀찮으니까 하고 싶지 않다는 걸까요? 아니면 기분 나쁘니까 그만했으면 좋겠다는 걸까요? 짜증 난다는 말 뒤에는 분명 이런 다양한 감정이 있을 겁니다. 그런데 그것을 짜증 난다는 말로 생략해 버리는 것이지요.

"죽는다"는 더 무서운 말입니다. 말로 상대방을 죽이고 있으니까요. 그렇다면 어떤 기분일 때 죽는다고 말하는 걸까요? '내 앞에서 사라져라 좀' '나한테 신경 꺼'일지도 모릅니다. '더는 말하고 싶지 않아' '이 이야기는 이걸로 끝이야'라는 의미일지도 모르지요. 혹은 '네가 싫어' '네가 미워'일 수도 있습니다. 어쨌든 상대방이 진짜로 죽었으면 좋겠다거나 상대방을 죽이고 싶다는 뜻은 아닐 테지요. 그렇다면 죽는다는 말은 자신의 마음을 올바르게 전달하는 말이 아닙니다.

"짜증 나" "죽는다"는 그저 상대방에게 상처를 입히기 위한 수단으로 사용하는 말일 뿐입니다. 그런 말들 뒤에는 그때그때 다른 감정이 감춰져 있어요. 그런데 그 감정을 건져 올리지 않고 가까이에 있는 짧은 단어로 때우려고 하기 때문에 거친 말이 나오는 거예요. 이는 자신의 섬세한 감정을 하나로 뭉뚱그려 양동이 안에 마구잡이로 던져 넣는 것과 같아요.

뇌는 감정을 형태가 있는 말로 기억합니다. 몇 번이고 반복해서 사용하다 보면 그 단어에 회로가 연결되기 쉬워요. 기억의 서랍에서 금방 꺼낼 수 있게 되지요. 그런데 위의 말들은 감정을 제대로 표현하는 게 아니에요. 짜증 난다고, 죽는다고 말하면 마음이 후련할까요? 오히려 왠지 모를 찜찜함이 마음속에서 소용돌이치지 않을까요? 감정을 양동이에 던져 넣는 일이 습관이 되면 자기 기분을 제대로 표현하고 전달하는 말이 늘지 않습니다. 말이 머릿속을 개운하게 정리하는 유용한 도구가 되지 못하는 것이지요.

표현이 풍부해지면 마음이 온화해진다

제 정신과 클리닉 벽에는 '표정 포스터'가 붙어 있답니다. 거기에는 여러 가지 표정이 그려져 있는데, 이 표정일 때는 이런 기분이라는 사실을 아이들에게 알려 주기 위해 붙여 놓았죠. 짜증 난다는 말을 자주 하는 초등학생과 이야기할 때도 표정 포스터를 보여 주면서 "오늘의 짜증 나는 기분은 이 중에서 어떤 거야?"라고 물어봤답니다.

'가만히 있지 못할 정도로 화가 난다' '복수해 주고 싶다' '분하다' '실망했다' '폭발할 정도로 몹시 화가 나 있다' 등 분노나 불만에도 다양한 표정이 있다는 사실을 알고 나면 더는 짜증 난다는 말로 넘기려 하지 않게 돼요. 감정을 그때그때 정확하게 표현할 수 있는 단어가 늘어나면 마음이 평온해집니다.

아이가 짜증을 내는 이유에는 감정을 전달하고 싶은데 말로 제대로 표현할 수 없는 데서 오는 답답함도 있어요. 말이라는 도구를 아직 얻지 못한 아기는 덥든 졸리든 배가 고프든 기저귀가 찝찝하든 울음으로밖에 감정을 표현하지 못하죠. 아기는 차츰 성장하면서 우는 것보다 더 확실한 의사 전달 방법을 배웁니다.

말을 얻는다는 건 성장의 증거예요. 자신의 감정을 전달하는 중요한 도구이기 때문입니다. 그래서 표현력이 풍부해지면 마음도 차분해지고 온화해집니다. 여러분도 표현의 범위가 늘어나면 개운하지 못한 감정이나 짜증이 줄어들고 화를 잘 내지 않게 될 거예요.

혹시 "짜증 나" "지겨워" "죽는다" 등의 말을 아무렇지 않게 쓰고 있지는 않나요? "대박"이라는 말도 다양한 상황에서 쓰고 있을 겁니다. 이처럼 익숙한 단어로 도망치지 말고, 그 상황에서의 '대박'은 어떤 의미의 대박인지를 생각해 봤으면 좋겠습니다.

말이란 생각을 '결정화'시킨 거예요. 아마 초등학생 때 학교에서 결정(結晶)을 만드는 실험을 한 적이 있을 거예요. 결정의 핵이 되는 물질을 실에 매달아 탁한 수용액 안에 넣으면 성분이 응축해 커다란 결정이 생깁니다. 아마 백반 같은 걸로 만들어 봤을 테지요. 액체 안에 녹아 있던 성분이 결정이 되면 탁했던 액체가 투명해집니다. 이처럼 결정화되면 뿌옇던 것의 정체가 분명히 드러나 기분도 개운해집니다.

마음은 말로 바꿀 수 있다

이제 사건을 받아들이는 태도를 바꾸는 이야기로 돌아가 볼까요?

무의식 중에 부정적으로 생각하는 습관을 고치고 싶다면 자신이 평소에 하던 생각을 반대로 해 봅니다. 속으로만 생각할 게 아니라 소리 내서 말하거나 종이에 쓰면 더 효과적입니다. 누군가에게 이야기하거나 적어 보면서 그 일에 대한 생각을 반복하면 뇌에 강력하게 입력됩니다.

'불가능해. 될 리가 없지'라고 자주 생각한다면 "불가능하지 않아. 할 수 있어! 할 수 있다고!"라고 소리 내어 말해 봅시다. '시험까지 앞으로 3일밖에 안 남았어'가 아니라 "아직 3일이나 남았으니까 외울 수 있는 시간이 많아. 괜찮아!"라고 말하는 거예요. 의식적으로 하는 말만 바꿔도 불안을 느끼는 정도가 달라진다는 사실을 깨닫게 될 겁니다.

그렇다고 그걸로 안심하고 아무것도 하지 않으면 안 되겠지요. 아직 3일이나 남았으니까 괜찮다고 말하고는 공부도 하지 않고 일찍 잠자리에 들면 의미가 없습니다. 행동이 따라 주지 않으면 시험 직전에 더 큰 불안이 밀려들 거예요.

숫기가 없어서 '나는 사람들 앞에서 말을 못 해'라고 생각한다면 과감하게 반장에 입후보해 보면 어떨까요? 정말로 안 맞을지 어떨지는 아무도 모릅니다. 무작정 도전해 봤는데 의외로 소질이 있는 경우도 있어요. "사람들 앞에서 뭔가를 하는 건 절대 싫어!"라고 말하던 사람이 응원단에 들어가 나중에는 응원단장까지 하게 된 경우도 있답니다.

남의 영향을 쉽게 받고 우유부단해서 항상 "나도 같은 걸로 할래"라고 말하는 사람은 친구를 만나기 전에 '오늘은 내가 먼저 이렇게 하자고 제안해야지!' 하고 마음먹어 봅시다. 친구가 "어떻게 할래?"라고 물었을 때 아무거나 상관없다고 대답하지 말고 자신이 먼저 "이렇게 해 볼까?"라고 말하는 쪽이 돼 보는 겁니다.

한번 실천해 보는 거예요. 그리고 잘 풀렸을 때는 '해냈다!' 하고 기뻐하면 됩니다. 평소와는 다른 자신이 된 기분을 충분히 맛보세요. 말을 바꿈으로써 다른 모습으로 변화한 경험, 즉 '잘 풀린 경험'은 성공 체험으로 뇌에 기억됩니다. 어떻게 하면 잘 풀리는지 각인되는 것이지요. 이런 경험이 늘어나면 불안 회로가 약해지고 자신감이 생깁니다.

마음은 말로 바꿀 수 있어요. 말을 바꾸면 세계가 바뀝니다.

싫어하는 사람을 변화시키는 말과 행동

여러분을 불쾌하게 만드는 사람을 대할 때는 '역발상'을 의식해 봅시다.

기분 나쁜 말만 하고, 나를 이해해 주지 않고, 잔소리가 심하고, 남을 이리저리 휘두르려는 사람이 있지요. 이런 사람을 만나면 '나랑 잘 안 맞아. 진짜 싫다'라는 생각이 듭니다. 그래서 마주하기를 피해 버려요. 그 사람이 피할 수 없는 상대일 때는 어쩔 수 없다고 생각하면서도 마음이 영 내키지 않아서 도망치고 싶어집니다. 그 사람의 눈을 보고 이야기하고 싶지 않게 됩니다. 아마 대화를 하더라도 건성으로 하고 '빨리 저 사람한테서 벗어나고 싶어'라는 생각에 지루한 표정으로 이야기를 듣겠지요. 이런 관계를 변화시키고 싶다면 의식적으로 반대로 행동해 봅시다.

그 사람을 좋아하는 건 절대로 불가능하다고요? 그렇다면 억지로 좋아하라는 말은 하지 않을게요. 그 사람이 싫거나 그의 말에 반감을 품게 되더라도 어쨌든 받아들이는 거예요. 동의하는 거죠. 그리고 그 사실을 말로 확실하게 전달합시다. "맞는 말이네요." "저도 그렇게 생각해요." "좋은 걸 가르쳐 주셔서 감사합니다." 상대방을 인정하고 추켜세우는 거예요.

그렇게 하면 상대방이 시키는 대로 하는 사람이 되는 것 같다고요? 사실 그렇지 않아요. 자신을 거스를 거라고 생각하던 사람이 동의해 주면 상대방은 더는 몰아세우려는 마음이 들지 않거든요. 감사의 말을 들으면 관계를 악화시키고 싶지 않아져요.

여기에서 주의할 점이 있어요. 억지로 하는 느낌이 태도로 드러나서는 안 돼요. 상대방의 눈을 똑바로 쳐다보고 말합시다. 그러면 상대방과의 관계가 달라질 거예요. 반대로 하는 말의 위력에 놀라게 될 겁니다. 시험 삼아서라도 한번 시도해 보세요.

장점과 단점은 동전의 양면

비관적인 뇌의 활동이 지나치게 활발한 사람은 자신의 장점을 좀처럼 떠올리지 못해요. 이럴 때도 반대로 생각하면 됩니다.

자신은 단점투성이라고 생각할지 모르지만, 단점은 뒤집어보면 장점이 돼요. 뒤집어 놓고 보면 좋은 부분은 반드시 있습니다. 몇 가지 예를 들어 볼까요?

좀처럼 결단을 내리지 못하고 우유부단한 것은 신중하

고 사려 깊다는 뜻입니다. 내성적이고 조용한 것은 침착하다는 거고요. 어떤 일에 한번 빠져들면 주변을 살피지 못하는 것은 집중력이 있다는 거예요. 쉽게 싫증을 내고, 뭘 해도 오래가지 못하는 것은 전환이 빠르다는 것일 테고요. 완고한 것은 신념이 있다는 뜻입니다. 성급한 것은 순발력과 행동력이 있다는 거예요. 대충 한다는 것은 느긋하고 대범하다는 뜻이에요.

항상 '뒤집으면 어떤 뜻이 될까?'를 생각하는 습관을 가져야 합니다. 표현력이 풍부해지면 시야가 넓어지고 생각도 자유로워집니다.

안 좋은 부분만 보는 습관을 고치는 방법

서툰 일이나 하기 싫은 일, 부정적인 인상을 받는 일에 대해서는 자기도 모르는 사이에 좋지 못한 부분만 보게 됩니다. 하지만 그 안에서도 '어쩌면 좋은 부분이 있을지도 몰라'라고 생각하며 그것을 찾는 습관을 들여야 해요.

피망이 싫어서 먹지 않는다면 억지로라도 피망의 장점을

생각해 봅시다. 비타민이 풍부한 것, 영양가가 높은 것, 색이 예쁘다는 것 등이 있겠지요. 쓴맛이 나서 싫다면 건강에 좋은 쓴맛이 난다고 생각할 수도 있겠네요. 수학이 싫다면 수학을 잘하면 좋은 점을 써 봅시다. 계산을 잘하게 되는 것도 좋고 머리가 좋아 보이는 것도 좋습니다. 이과로 진학할 수 있다는 점도 있을 테고요. 뭐든지 괜찮으니 일단 생각해 보는 거예요.

자신이 싫어하는 것에도 반드시 좋은 점이 있습니다. 높게 평가할 만한 부분이 있어요. 자신하고는 도저히 안 맞는다며 안 좋은 부분만 의식하지 말고 좋은 부분에도 눈을 돌립시다. 자신의 감정과 분리해서 생각하는 겁니다. '그건 그거고, 이건 이거다' 하는 시선으로 바라보는 거죠. 이렇게 하면 안 좋은 부분만 보는 버릇을 고칠 수 있습니다.

더 나아가 싫어하는 사람을 칭찬할 포인트를 찾아봅시다. 싫다는 감정을 일단 내려놓고, 그 사람의 좋은 점, 대단한 점을 떠올려 보는 거예요. 항상 거만한 태도를 보이는 무서운 선배도 잘하는 무언가가 반드시 있을 겁니다.

피망이든 수학이든 싫어하는 사람이든 좋은 부분이 분

명히 있습니다. 좋은 부분을 찾아내고 말로 표현하는 것이 중요해요. 칭찬 포인트를 찾으면 상대방에게 한 발짝 다가갈 수 있습니다. 싫어하는 사람과 이야기를 나눌 때 그 칭찬 포인트도 함께 전달해 봅시다. "저는 하나도 모르겠던데, 선배님은 어떻게 그렇게 잘하세요?"라고 말이지요. 상대방과의 관계가 개선될 가능성이 한층 높아질 겁니다.

자신에게 힘을 주는 말 모으기

이제 평소에 하는 말을 바꾸면 기분과 행동까지 바꿀 수 있다는 사실을 알았을 겁니다. 우리는 생활하면서 많은 말을 접해요. 마음을 찌르는 말, 정신을 퍼뜩 차리게 하는 말을 듣게 될 때도 있어요. 노래를 듣다가 자신의 기분을 대변하는 듯한 가사를 만날 때도 있고요, 만화나 책에서 왠지 나를 격려하는 것 같은 대사를 발견할 때도 있지요. 지금은 SNS로 많은 사람이 다양한 말을 주고받아요. 그렇기 때문에 마음에 와닿는 말을 만나는 일도 자주 있지 않을까 싶습니다. '와, 좋다' 하는 생각이 들었다면 그냥 넘기지 말고

적어 봐요. 자신이 생각하는 명언, 소중한 말을 조금씩 모아
두는 거예요. 그 말들이 다양한 상황에서 용기를 주는 마음
의 재산이 될 테니까요. 여러분이 참고할 수 있도록 몇 가지
를 소개하겠습니다.

안달복달해도 하루, 두근두근해도 하루
스트레스를 받아 안달복달하며 보내도, 기대감으로
가슴이 부풀어 두근두근한 기분으로 보내도 같은 하루입니
다. 그렇다면 두근거리는 하루를 보내는 게 좋지 않을까요?

과거는 과거, 지금은 지금
불안이 강해지는 이유를 살펴보면 뇌가 과거의 경
험을 바탕으로 어려워 보인다고 판단해 버려서예요. 그럴 때
'역시 어렵겠지?' 하고 포기하면 아무리 시간이 지나도 변하
지 않아요. 모험을 억제하는 뇌에 '지금의 나는 과거의 나와
는 달라' 하며 과거로부터의 독립을 선언합시다. 그리고 '나
는 할 수 있다!' '모든 게 잘될 거야!' 하며 밝은 미래를 먼저
그리면 현재를 그곳으로 끌어당길 수 있게 됩니다.

되고 싶은 내가 될 거야

무언가를 시작하려고 할 때는 가능한 한 강한 말로 결심을 표현하는 게 좋아요. 그냥 하고 싶다는 것은 희망이자 바람입니다. 이 말에는 행동하라고 자신을 채찍질하는 힘이 없어요. 그러니 '나는 이렇게 할 거야!' '나는 이렇게 될 거야!'라고 강하게 단언합시다. 행동을 일으키는 강한 말을 입으로 몇 번이고 되뇌면 각오를 다질 수 있고 마음의 준비도 할 수 있어요.

 ### 뭐든 해 봐야 안다 / 밑져야 본전이다

처음 하는 일은 실패하는 게 당연해요. 그러니 도전할 때는 실패를 지나치게 두려워하지 말아야 합니다. '뭐든 해 봐야 안다' '밑져야 본전이다'라는 마음을 가지면 과감하게 한발 나아갈 수 있습니다.

 ### 조금만 더 하자 / 마음 편하게 하자

처음부터 대단한 일을 하려고 하면 좌절하게 돼 있어요. 새로운 일을 하겠다는 생각에 집착하면 힘이 들어가기

마련입니다. 지금보다 반걸음만 더 가 보겠다는 부담 없는
마음으로 '조금만 더 해 보자' 하고 자신을 독려해 봅시다.

괜찮아 / 할 수 있어 / 이걸로 됐어

무언가에 도전할 때 실패나 두려움에 지지 않으려
면 자기 긍정을 할 수 있느냐가 중요합니다. 불안이나 긴장
으로 움츠러들 것 같은 마음을 안심시키고, 지금의 자신을
인정하며 앞으로 나아가는 겁니다.

못 하는 건 못 한다

남의 부탁을 거절하지 못하겠다면 이 말을 몇 번씩
반복해 봅시다. 이건 부정적인 말이 아니에요. 마음의 경계
선을 분명하게 긋고 자신을 지키기 위해 매우 중요한 말입
니다.

너에게는 노력하는 힘이 있어!

힘내라는 말은 부담을 주는 말입니다. 이 말을 들으
면 '지금까지 열심히 해 왔는데 또 힘을 내라고? 더는 못하

겠어' 싶을 때도 있거든요. 노력하는 힘이 있다는 말은 힘내라는 말과 다릅니다. 이미 그런 힘을 가지고 있으니 할 수 있다고 응원하는 말이기 때문입니다. 이 말을 들으니 왠지 배 안쪽에서부터 꿈틀거리며 힘이 솟아나는 기분이 들지 않나요? 꼭 누군가에게 이런 말을 들을 필요는 없습니다. "나에게는 노력하는 힘이 있어!"라고 소리 내 말하거나 종이에 적어서 방에 붙여 둡시다. 그러면 자기 자신을 격려할 수 있습니다.

 살다 보면 좋은 일도 있고 나쁜 일도 있지

이 말을 좋아한다는 중학생에게 어디서 이런 말을 들었냐고 물어보니 할머니에게 들었다고 대답하더군요. 좋은 일이 있으면 나쁜 일도 있다는 말은 당연하다면 당연한 말이지만, 이런 말을 가슴에 품고 있으면 힘이 들 때 '그래, 이런 때도 있는 거지' 하며 상황을 자연스럽게 받아들이게 될 겁니다.

나는 도움을 받지 못하면 살지 못할 자신이 있다!

어느 남자 중학생이 알려 준 말인데, 만화 『원피스』
의 주인공 루피의 대사라고 합니다. 루피는 수많은 역경을
동료들과 극복해 나갑니다. 그 아이는 루피가 동료들이 도
와주지 않으면 살지 못할 자신이 있다고 말하는 부분이 좋
다고 하더군요. 동료들이 도와줘야만 살 수 있다는 뜻이지
요. 제가 자신의 약함을 받아들인 사람만이 할 수 있는 말
이라고 했더니 아이는 공감한 듯 고개를 몇 번이나 끄덕였
습니다. 그 아이는 평소에 자신감이 없어서 고민하고 있었
거든요. 자신에게는 장점이 하나도 없다고 생각할 정도였지
요. 그러다가 동아리 활동을 시작하면서 친구가 생겼고, 친
구 덕분에 마음의 구원을 받았습니다. '혼자서 애쓰지 않아
도 돼. 친구들이 도와주기 때문에 지금의 내가 있는 거야'라
는 사실을 자각하고 나면 마음에 여유가 생깁니다.

지금까지 힘이 되는 말에 대해 살펴봤어요. 여러분을 격
려하는 말, 여러분에게 용기를 주는 말은 무엇인가요? 자신
을 지탱해 주는 좋은 말로 마음을 채워 봅시다.

7

건강한 삶을 위한
진짜 휴식 시간 만들기

지금 너에게 필요한 것

어떻게 하면 지금 여러분이 겪고 있는 어려움과 마음의 괴로움에서 벗어날 수 있을까요? 6장에서는 평소 사용하는 언어 습관을 바꿈으로써 사고방식과 행동 습관까지 바꾸는 방법에 관해 이야기했습니다. 7장에서는 더 다양한 기술과 기법을 소개하려고 해요(마음이 편안해지는 기술이기 때문에 '편안 기술'이라고 이름 붙이겠습니다). 이 장을 읽다 보면 '그러고 보니 나는 이런 시도를 해 보지 않았잖아?' 하는 사실을 알게 되고, 여러분을 지치고 힘들게 만드는 문제의 원인도 찾을 수 있을 거예요. 자신에게 필요한 것이 무엇인지를 파악하고 다양한 방법을 시도해 보면서 지금보다 훨씬 편안한 삶을 만드는 요령을 파악해 봅시다.

지친 자신을 충분히 쉬게 하기

등교를 거부하는 데다가 목소리조차 안 나올 만큼 녹초가 돼 저를 찾아오는 학생들이 있어요. 일반적인 가정에서는 부모님은 물론이고 학생 역시 '학교는 반드시 가야 하는 곳'이라고 생각합니다. 그렇기 때문에 부모님이 한동안 학교를 쉬라고 하는 경우는 거의 없어요. 자녀의 상태가 조금만 좋아지면 다시 학교에 가기를 권하지요. 당사자인 학생 역시 어떻게든 힘을 내서 학교에 가려고 합니다.

하지만 학교에 가면 기운이 금세 소진되고 말아요. 몸이 더는 못 가겠다며 비명을 지르기 때문이죠. 이런 사례는 적지 않아요. 몸이 피로 알람을 울렸다면 충분히 쉬는 편이 좋습니다. 그러지 않으면 악순환에 빠지고 말 테니까요. 마음의 상처가 신체 증상으로까지 나타났다면 열일 제쳐 두고 충분히 쉬어야 합니다.

그런데 쉬라고 해도 어떻게 하는 게 진짜 휴식인지 잘 모르는 사람이 적지 않아요. 집에 있으면 특별히 할 일이 없기 때문에 무심결에 게임을 시작하는 경우도 많지요. 게임도 기분 전환으로 조금 하는 정도라면 마음을 쉬게 하는 하나의 수단이 될 수 있어요. 하지만 계속 게임만 하다가 밤을 새우고 아침에 일어나지 못하면 매우 좋지 않은 방향으로 흘러가게 됩니다. 게임에 중독되면 몸과 마음이 쉬지 못하기 때문입니다.

그렇다면 진짜 휴식은 무엇일까요? 10대는 매일 8~10시간의 잠을 자는 것이 바람직하다는 사실을 알고 있나요? 그러니 우선 충분히 자서 피로를 푼 뒤, 삼시세끼 균형 잡힌 식사를 챙겨 먹어야 해요. 몸의 긴장과 뻣뻣함을 풀어 주는 것도 좋아요. 스트레스를 없애고 평온한 마음으로 지내야 합니다. 이 조건을 만족시키는 것이 '휴식'입니다.

편안 기술 포인트 1 충분한 휴식이란?

1 충분히 잔다
2 잘 먹는다
3 몸의 긴장을 푼다
4 스트레스를 없앤다

부정적인 감정을 토해 내기

스트레스를 해소하려면 자신에게 무엇이 스트레스가 되는지를 분명히 알아야 합니다. 분노, 불만, 불안 등 마음 안에 있는 부정적인 감정을 모두 토해 낼 필요가 있어요. 그러니 누군가에게 속마음을 털어놓아 봅시다. 글로 풀어내는 것도 좋아요. 어느 쪽이 자기 감정을 토해 내기 쉬운지 생각해 봅시다.

스트레스를 느끼고는 있지만 무엇에 스트레스를 느끼는지 스스로 분명하게 알아차리지 못하는 경우도 있어요. 그런데 누군가에게 이야기하거나 글을 쓰다 보면 '아, 그렇구나. 나는 이런 일이 힘들다고 느끼는구나' 하고 깨닫기도 해요. 마음의 치유는 흐릿한 감정을 말로 결정화시켜서 뱉어 내는 데서 시작됩니다.

우는 것에도 토해 내는 효과가 있어요. 울고 싶을 때는 억지로 눈물을 참지 말고 있는 힘껏 소리 내 웁시다. 울다가 눈물이 마르면 마음은 비 갠 하늘처럼 상쾌해집니다. 우는 일은 스트레스를 씻는 효과가 있거든요. 슬프고 괴로울 때는 참는 것보다 우는 게 나아요. 그래야 스트레스를 담아 두지 않을 수 있어요. 울면 나약해 보인다고요? 아닙니다. 그게 자연스러운 겁니다. 자기 조절을 하기 위해 눈물이 나오는 거니까요.

또 다른 방법은 '심호흡'입니다. 평소에는 호흡을 특별히 의식하지 않겠지만 스트레스를 해소하고 싶다면 숨을 크게 들이마시고 오랫동안 내뱉어 보세요. '하-'도 좋고 '후-'도 좋습니다. 더는 못 뱉겠다 싶을 만큼 숨을 길게 내뱉어 보는 거예요. 몸 안에서 나쁜 것이 전부 빠져나가는 모습을 상상하면서 말이죠. 숨을 길게 뱉어 내면 다시 크게 들이쉴 수 있어요. 뱉어 내는 숨과 함께 부정적인 감정도 빠져나갑니다. 나쁜 것을 모두 뱉어 내고 나면 신선한 공기가 몸 안 가득 들어와 기분도 전환됩니다.

편안 기술 포인트 2 부정적인 감정을 토해 내는 방법

① 누군가에게 털어놓는다

② 글로 적는다

③ 시원하게 운다

④ 심호흡한다

등의 긴장 풀기

등이 둥글게 말려서 등허리, 어깨, 목까지 딱딱하게 굳었을 때 뭉친 근육을 푸는 간단한 운동법을 알려 드릴게요.

● 앉아서 하는 흔들흔들 운동

1 의자 등받이에 기대지 말고, 허리를 곧게 펴고 앉습니다.

2 허리 뒤에 양 손바닥을 댄 채로 허리를 좌우로 조금씩 흔듭니다. 처음에는 손이 더 따뜻할 텐데, 허리가 더 따뜻해질 때까지 움직입니다.

3 배꼽과 명치 사이에 손바닥을 대고 좌우로 살짝 문지릅니다.

4 마지막으로 쇄골 아랫부분에 손바닥을 대고 좌우로, 또 둥글게 돌리며 눌러 줍니다.

● 누워서 하는 금붕어 운동

1 다리를 어깨너비 정도로 벌린 채 천장을 보고 눕습니다.

2 목 뒤에서 양손으로 깍지를 낍니다. 이때 팔꿈치는 바닥에 대지 말고 가볍게 띄웁니다.

3 금붕어가 헤엄치는 모습을 떠올리며 깍지 낀 양손과 허리를 좌우로 조금씩 흔듭니다.

4 허리가 잘 안 움직인다면 무릎을 세우거나 발바닥에 쿠션을 대서 허리가 조금 뜨게 만들면 움직이기 쉬워집니다.

정형외과에 가거나 마사지를 받으러 가면 힘으로 뭉친 근육을 풀어 줍니다. 혼자서 풀 때는 허리를 크게 움직이지 않고 작게 움직이는 것이 포인트입니다. 긴장해서 굳어 있는 부분을 손으로 만져 보면 차가운데, 굳은 곳이 풀리면 자연스럽게 따뜻해진답니다.

편안 기술 포인트 3 등허리의 긴장 푸는 방법

1 허리, 배, 쇄골 마사지하기

2 목 뒤에서 양손으로 깍지를 끼고 금붕어처럼 헤엄치기

종아리를 풀어서 혈액 순환 시키기

아침에 일어나기가 힘든 이유 중의 하나는 혈액 순환이 잘 안 되기 때문이에요. 혈액 순환이 안 되면 다리 쪽에 혈액이 쌓여 머리까지 혈액이 잘 돌지 않거든요. 이때 종아리를 주물러 주면 혈액 순환이 잘된답니다. 바닥에 앉아 다리를 편안하게 한 상태에서 종아리를 만져 보세요. 힘을 주지 않고 있는데도 딱딱한가요? 근육이라고 생각할지도 모르지만 다리를 편안하게 둔 상태에서는 근육에 힘이 들어가지 않기 때문에 말랑말랑해야 정상입니다.

종아리는 '제2의 심장'이라고 불립니다. 몸속을 도는 혈액이 다리에서 다시 올라올 때 종아리 근육이 혈액을 밀어 올려 심장으로 보내는 펌프 역할을 하기 때문이죠. 종아리에 힘을 주지 않았을 때도 딱딱하다면 피가 그곳에 쌓여서 흐름이 나쁘다는 뜻이에요. 피의 흐름이 좋아지면 낮았던 혈압이 정상으로 올라가면서 어지럼증이나 두통도 줄어듭니다.

● 종아리 푸는 방법

1 먼저 왼쪽 다리의 발목 언저리부터 무릎 관절 아래까지, 아래에서 위로 천천히 주무릅니다.

2 왼쪽 다리가 끝나면 같은 방식으로 오른쪽 다리를 주무릅니다.

근육이 풀리면 피를 밀어 올리는 힘이 돌아와 혈액 순환이 좋아집니다. 부기가 빠져서 다리가 조금 얇아진 느낌도 들 거예요.

편안 기술 포인트 4 종아리 풀기

1 딱딱한 종아리는 혈액 순환이 잘 안된다는 증거

2 발목부터 무릎 아래까지, 아래에서 위로 주무른다

생활 리듬을 정돈하기

몸과 마음의 휴식을 위해서는 충분히 자는 것이 중요한데, 그렇다고 아무 때나 자도 되는 건 아니에요. 낮과 밤이

뒤바뀐 생활을 하면 체내 시계에 혼란이 와 자율 신경의 균형이 깨집니다.

몸 안에는 신체 리듬을 조절하기 위한 몇 가지 체내 시계가 있어요. 그 체내 시계가 아침이 온 것을 감지하면 활동을 촉구하는 교감 신경이 작동하기 시작합니다. 그런데 낮이나 밤이나 커튼을 쳐 놓은 방에 있으면 어떻게 될까요? 부교감 신경이 활동해야 할 한밤중에 유튜브를 보거나 게임을 하고 낮에 잠을 자면 체내 시계가 혼란스러워져서 자율 신경이 호르몬을 조절하지 못하게 됩니다.

아침에 일어나면 커튼을 걷고 밖에서 들어오는 햇살을 받아 봅시다. 아침 햇살을 받는 것은 체내 시계를 맞추는 데 매우 중요한 일입니다.

아침밥을 먹는 것도 체내 시계를 맞추는 데 도움이 됩니다. 눈을 뜨고 에너지원이 될 음식을 섭취하면 자율 신경이 몸의 각 부분에 있는 세포에게 활동할 시간임을 알립니다. 마찬가지로 점심과 저녁, 취침 시간을 일정하게 지키는 일은 자율 신경의 균형을 유지하는 데 매우 중요해요.

우리는 어린 시절부터 규칙적인 생활을 해야 한다는 말

을 귀에 못이 박이도록 들었습니다. 어쩌면 그게 무슨 의미가 있냐고 말하는 사람도 있을지 모르겠네요. 규칙적인 생활을 하라는 말은 체내 시계가 뒤틀리지 않게 하라는 뜻입니다.

몸 상태가 안 좋아져서 학교를 빠지는 사람 가운데 상당수는 "밤에 잠을 못 자겠어요"라고 말합니다. 자려고 해도 좀처럼 잠에 들지 못하거나 자다가도 몇 번씩 깨거든요. 그래서 아침에 일어나지 못하고, 낮에는 졸음이 쏟아지지요. 그렇게 된 원인으로 몸을 움직이지 않는 것도 들 수 있어요. 낮에 몸을 적당히 움직여서 에너지를 태워야 피곤해져서 밤에 잘 수 있거든요. 10대의 몸은 젊은 에너지로 넘칩니다. 밖에 나가지 않고 실내에 온종일 틀어박혀 있으면 에너지가 발산되지 않고 몸 안에 가득 남아 있어요. 뇌나 마음은 스트레스로 피곤한데 몸은 피곤하지 않은 불균형이 발생하죠. 이 과도한 에너지가 자율 신경의 리듬을 깨트리는 원인이 되기도 합니다. 또 몸을 움직이지 않으면 혈액 순환이 나빠져서 하반신에 혈류가 쌓여요. 일찍 자고 일찍 일어나기, 균형 잡힌 식사, 적당한 운동으로 생활 리듬을 정돈하는 일은 몸과 마음을 편안하게 하기 위해 꼭 지켜야 할 기본 규칙입니다.

생활 리듬 정돈하기

1 정해진 시간에 일어난다

2 아침 햇살을 쬔다

3 아침밥을 챙겨 먹는다

4 적당히 운동한다

지나친 확신과 집착 내려놓기

불안이 강한 사람은 자신에게 지나치게 엄격한 면이 있어요. 그래서 '이 정도가 되지 않으면 안 돼!'라는 강한 확신 때문에 거기에 못 미치는 자신에게 실망하곤 하죠. '나는 가치가 없어'라는 생각에도 빠져들기 쉬워요.

이들은 완벽해지길 바라는 마음이 지나치게 강합니다. 항상 '100점을 받아야 해!'라고 생각한다면 마음이 얼마나 힘들겠어요? 게다가 시험에는 정답이 있지만, 일상생활에서는 무엇이 정답인지 알 수 없는 일투성이예요. 100점을 목표로 하는 것은 애초에 불가능합니다. 그러니 멋대로 기준을 정하고 지적하는 버릇이 자신을 불필요하게 괴롭힌다는 사실을 깨달으면 변할 수 있습니다.

우선 '이 정도로 하지 않으면 안 돼' '이렇게 해야만 해'라는 생각을 내려놓읍시다. 예를 들어 볼까요? '학교는 가지 않으면 안 되는 곳'이라는 확신 때문에 괴롭힘을 당하면서도 억지로 가다 보면 마음이 점점 괴로워지고 몸으로도 그 영향이 나타납니다. 그런데 괴롭힘 때문에 힘들어하면서 계속 학교에 다녀야 할 이유는 없어요. 전학을 갈 수도 있죠. 무리하면서까지 학교에 가지 않아도 됩니다. 다른 방법이 있어요.

정말로 괴로운 일로부터는 도망쳐도 됩니다. 아니, 도망쳐야만 합니다. 자신을 지키기 위해서 말이에요. 살아 있기만 하면 어떻게든 되니까요. 이게 아니면 안 된다는, 이렇게 할 수밖에 없다는 규칙은 없습니다.

자기도 모르는 사이에 가지게 된 확신을 내려놓으려면 지금의 상황을 있는 그대로 받아들이려는 마음을 가져야 합니다. '학교가 너무 힘들어. 더 이상은 못 다니겠어'라고 느끼고 있는 현실을 받아들입시다. 학교에 못 다니게 됐다고 여러분이 가치 없는 인간이 되는 것도 아니에요. 학교는 무슨 일이 있어도 꼭 가야 하는 곳도 아니고요.

잘하지 못하는 건 부끄러운 일이 아닙니다. 중요한 것은 그런 자신을 솔직히 인정하고 받아들이는 일입니다.

> **편안 기술 포인트 6** 확신과 집착을 내려놓기
>
> **1** '이렇게 하지 않으면 안 돼' '이렇게 할 수밖에 없어' 라고 생각하지 않는다
> **2** 지금의 자신을 있는 그대로 받아들인다

선택지 넓히기

귀신의 집 안은 깜깜합니다. 아무것도 보이지 않아요. 어두움은 두려움을 줍니다. 환해서 어디에서 뭐가 튀어나올지 빤히 보인다면 전혀 무섭지 않거든요.

앞이 보이지 않고 무슨 일이 일어날지 모르는 상황일 때

우리의 두려움은 몇 배로 부풀어 오릅니다. 불안도 마찬가지예요. 전망이 밝으면 불안한 기분이 누그러집니다.

예를 들어 계속되는 따돌림으로 인해 결석을 자주 하게 됐어요. 이때 학교에 가지 않으면 안 된다는 선택지밖에 없으면 절망적인 기분이 들겠죠? 가고 싶지 않을 거예요. 가느냐, 가지 않느냐 중에 고르라고 한다면 당연히 가지 않는 쪽만 고르고 싶을 겁니다. 그래서 등교 거부와 은둔형 외톨이의 길을 걷게 되는 거죠. 좋아서 그렇게 하는 것이 아니에요. 그들은 앞날이 보이지 않아서 참을 수 없을 만큼 불안할 겁니다. 그런데 그것 외에 다른 선택지가 있다는 사실을 알면 어떨까요? '다른 학교에 다니는 건 어떨까?' '꼭 학교에 안 가도 온라인으로 배울 수 있지 않을까?' '대안 학교도 있잖아' 이런 다양한 선택지를 알게 되면 어두웠던 앞이 밝아집니다. 그러면 지금의 상황을 받아들이는 방식도 달라져요. 적어도 절망하지는 않지요.

전망을 밝게 하려면 일단 아는 것이 중요합니다. 여러분의 2배 이상 되는 세월을 살아온 어른들은 여러분보다 다양한 정보를 가지고 있어요. 그러니 어른들이 하는 말에 귀를 기울여 보기를 바라요.

앞날을 밝히는 다른 방법은 예행 연습을 하는 겁니다. 불안한 일을 하기 전에 일단 시뮬레이션을 해 보고 실전에 임하는 것이지요. 연습 단계에서 실수를 많이 하고 극복하는 연습을 해 두면 두려움이 사라질 겁니다. 귀신의 정체를 알게 된 것처럼 말이지요. 긴장으로 얼어 버리는 일도 없어질 거예요.

편안 기술 포인트 7 전망을 밝히기

1 다양한 선택지에 대한 정보를 얻는다
2 시뮬레이션한 뒤에 실전에 들어간다

안심할 수 있는 안식처 만들기

'내 괴로움을 알아주는 사람이 있을 리가 없어.' 이렇게 생각하는 이유는 자기 확신을 내려놓지 못했기 때문입니다. 이야기를 털어놓을 곳 따위는 어디에도 없다고요? 아니요, 지금 당장은 가까이에 없는 것처럼 느껴지겠지만 반드시 상담할 곳을 찾을 수 있어요. 아직 만나지 못한 것뿐입니다. 혼자 떠안고 끙끙 앓지 말고 상담을 받아 보시기 바랍니다. 미래에 대한 정보를 알려 줄 사람, 새로운 바람을 일으켜 줄 존재는 반드시 있습니다.

'나는 평범한 사람들과 달라'라고 생각하면 점점 더 상담을 받고 싶은 마음이 들지 않게 돼요. 예를 들어 환청, 환각, 망상 등의 증상이 나타나는 해리성 정체감 장애를 앓는 사람 중에는 '나는 이상해' '이렇게 이상한 이야기를 다른 사람에게 해 봤자 믿어 주지 않을 게 뻔해'라고 생각하며 혼자 괴로워하는 사람이 많아요. 하지만 정신과 전문의의 입장에서는 조금도 특수한 일이 아닙니다. 어떤 조건이 갖춰지면 그런 증상이 나타나기 쉽다는 사실을 알고 있기 때문이죠. 충분히 함께 치료해 나갈 수 있답니다.

앞에서 해리란 자신에게 일어나고 있는 상황을 받아들일 수 없게 됐을 때 나타나는 방어 시스템이라고 이야기했어요. 해리를 일으키는 사람은 '사람들에게 버림받지 않을까?' '미움받지 않을까?' 하는 불안과 상대의 뜻을 따르지 않으면 분명히 상처받을 거라는 공포가 강해요. 그렇기 때문에 과잉 동조성이 나타납니다. 눈앞의 상대나 주위 사람들에게 과도하게 신경 쓰면서 맞추려고 하죠. 상대방에게 항상 동조하기 때문에 점차 그것이 자신의 의사나 생각인지, 아니면 상대방의 의사나 생각인지를 모르게 됩니다. 그러다 보면 '자신'이라는 존재는 점점 사라지고 말죠.

태어날 때부터 민감한 기질인 HSP도 이해와 애정을 받으며 건강하게 자라면 민감한 성격이 긍정적으로 작용해 재능을 꽃피우게 되지만, 민감함을 부정적인 것으로 받아들이고 인내를 강요당하며 자라면 해리가 생기기 쉽다고 해요. 이런 사람에게 가장 필요한 것은 자신의 이야기를 들어 줄 사람입니다. 마음을 열고 이야기할 수 있는 상대가 있으면 안심할 수 있는 장소가 있다고 느끼거든요. 그렇게 느끼지 못하는 상태에서는 치료가 상당히 어려워요.

안심할 수 있는 안식처란 다른 사람에게 받아들여지고 인정받는 관계 안에서 자신을 솔직하게 표현할 수 있는 장소를 뜻합니다. 혼자 고민하지 말고 한번 상담을 받아 보기를 바라요. 반드시 해결 방법을 찾을 수 있습니다.

그런데 상담 상대를 찾으려면 우선 마음을 열어야 합니

다. 닫힌 문의 안쪽에서 자신을 도와주는 사람이 없다고 비관적으로 생각하면 도움을 줄 상대를 만날 수 없는 게 당연하겠지요? 가까운 곳에 상담할 수 있는 상대가 있는데도 마음을 닫고 있어서 구원의 손길을 알아차리지 못하는 경우도 있어요.

저는 상담하면서 "그 사람 덕분에 어두운 터널을 빠져 나올 수 있었어요"라는 이야기를 수도 없이 들었습니다. 그러니 마음의 문을 엽시다. 이해해 주는 사람이 반드시 있을 테니까요.

편안 기술 포인트 8 상담할 수 있는 사람을 찾자

1 솔직한 이야기를 편견 없이 들어 줄 사람은 반드시 있다

2 마음을 열자!

머물고 싶은 장소를 스스로 선택하기

SNS가 여러분을 괴롭히는 수단이 되는 경우가 있는가 하면 반대로 구원의 손길을 내미는 경우도 있어요. 학교에는 힘이 되는 친구가 없다 하더라도 온라인에서 비슷한 처지나 문제로 고민하는 친구를 만날 수 있거든요. 서로에게 공감하며, 든든한 버팀목이 될 수도 있지요. 어떻게 보면 요즘 시대의 굉장한 장점이라고 할 수 있겠네요.

여러분을 힘들게 하는 사람을 친구라고 부를 필요는 없어요. 무리하게 관계를 이어가려 하지 않아도 됩니다. 친구는 많을수록 좋다는 말은 대체 누가 한 걸까요? 진심으로 마음을 털어놓을 수 있는 친구 1~2명만 있으면 그걸로 충분합니다.

어떤 사람이 친구가 될 수 있는지는 여러분 스스로 판단할 수 있을 겁니다. 이와 마찬가지로 가족과의 관계도 스스로 판단해 보세요. 여러분을 힘들게 한다면 그 사람이 설령 부모라 할지라도 무리하게 함께 있을 필요는 없어요. 제가 이런 말을 하는 이유는 가정 문제로 감당하기 힘들 만큼 스트레스를 받는 아이들이 많기 때문입니다. 부모님의 불화, 이혼, 재혼 등으로 가정 환경이 바뀌면 아이들이 그 영향을 고스란히 받게 됩니다. 부모님이 모두 계시더라도 과도한 간섭을 받거나 속박을 당해서 견디기 힘들다는 아이들도 있습니다.

미성년자는 기본적으로 부모님의 돌봄을 받아야 하지만 그렇다고 자신을 힘들게 하는 곳에서 계속 참고 견뎌야 하는 건 아닙니다. 안심할 수 있는 안전한 환경은 자기 스스로 선택할 수 있어요. 이 사실을 꼭 기억하세요. 상담할 수 있는 어른이 주위에 있다면 여러 가지 선택지에 대해 이야기해 줄 겁니다. 부모님과 가족은 소중한 존재입니다. 하지만 언제나 자신이 가장 소중한 존재라는 사실을 잊지 말아야 합니다.

편안 기술 포인트 9 환경을 스스로 선택하기

1 안심할 수 있는 안전한 장소는 과연 어떤 장소인지 생각해 보기

2 미성년자라도 본인이 살아갈 환경은 스스로 선택하기

사람이 아닌 다른 것에 관심 돌리기

스트레스가 쌓이는 원인을 살펴보면 그곳에는 항상 '사람'이 있습니다. 우리는 다른 사람과 자신을 비교하며 주눅이 들거나 남에게 당한 어떤 일 때문에 상처를 받고는 하지요. 사람은 혼자서는 살아갈 수 없지만, 다른 사람과 계속해서 연결돼 있기 때문에 스트레스가 쌓여요. 그래서 스트레스를 해소하기 위해 사람이 아닌 다른 것에 집중하는 시간을 마련하는 것도 좋은 방법이랍니다. 예를 들어 동물과 함께하는 시간을 가져 보면 어떨까요? 반려동물과 시간을 보내면 마음이 정화돼요. 강아지든 고양이든 토끼든 새든 상관없어요. 동물을 키우면서 돌보는 시간을 가져 봅시다. 물론 마음이 내킬 때만 귀여워하며 가까이할 것이 아니라 밥도 주고 배설물도 치워 주면서 제대로 돌봐야 합니다. 동물을 키우려면 책임감이 필요해요. 밥 주는 걸 연거푸 잊어버리면 몸이 점차 약해져서 죽고 말 테니까요.

보살펴야 할 대상이 있으면 자기 일에만 마음을 쏟을 수 없어요. 자신만의 닫힌 세계에서 한 걸음 밖으로 나와 세상을 바라보게 되지요. 동물은 아무리 귀여워해도 주인의 마음을 몰라줄 때도 있고, 말을 듣지 않을 때도 있습니다. 이를 받아들이는 과정에서 자신에게는 자신의 사정이 있고 상대방에게는 상대방의 사정이 있다는 사실을 깨닫게 되지요. 이는 동물이나 인간이나 마찬가지입니다.

동물을 보살피면 상대방의 입장에서 사정을 헤아릴 줄 아는 이성을 기를 수 있어요. 또한 동물을 돌보려면 규칙적인 생활도 해야 하고요. 반려동물과 산책하러 나가면 자연스럽게 햇볕을 쬐고 바깥 공기를 마시게 되기 때문에 생체 리듬을 조절하는 데 도움이 됩니다.

자연에 흥미를 가지는 것도 좋은 방법이에요. 바다를 좋아한다면 관심 분야를 바다 생물의 생태계로 넓혀 보면 어떨까요? 하늘을 바라보면서 구름이나 날씨에 관심을 가지거나 달이나 별, 우주에 관심을 가지는 것도 좋습니다. 무엇이 됐든 넓은 세상에 관심을 가져 보기를 바라요. 그러면 어떤 일을 바라보는 시야나 받아들이는 방식도 달라질 거예요. 우주적인 관점에서 보면 인간은 지극히 작은 존재입니다. 인류의 역사는 매우 짧아요. 한 사람의 일생은 그야말로 한순간에 지나지 않습니다.

이런 지식을 다양하게 갖추다 보면 자신이 고민하는 문제에 대해 지금보다 냉정한 눈으로 높은 곳에서 멀리 바라볼 수 있게 될 거예요. 자신이 무엇에 흥미가 있는지를 파악하면 좋아하는 세계가 보이기 시작합니다. 그것이 자기다움을 발견하는 첫걸음이 될 겁니다.

편안 기술 포인트 10 사람이 아닌 다른 것에 관심을 돌린다

❶ 동물과 시간을 보낸다

❷ 자연에 눈을 돌린다

8

울퉁불퉁한
나를 사랑하기

자기 자신을 좋아하나요?

마지막으로 여러분에게 전하고 싶은 말이 있습니다. 바로 '자기 자신을 좋아하자!'라는 말입니다. 이 책을 마무리하며 저는 여러분에게 자신을 더 좋아하라고 말해 주고 싶어요.

여러분은 자기 자신을 좋아한다고 자신 있게 말할 수 있나요? 아마 고개를 갸우뚱거리는 사람이 많지 않을까 싶네요. 자신의 부정적인 부분만 바라보며 "이런 내가 너무 싫어!"라고 말하는 사람이 적지 않아요.

자신을 소중하게 생각하는 마음을 '자존감'이라고 부릅니다. 사춘기를 맞이하는 10대가 되면 자존감이 점점 더 낮아지는 경향이 분명하게 드러난답니다. 자존감과 밀접한 것은 '자기 긍정감'입니다. 이는 자기 자신의 존재 방식을 인정하고 받아들이는 마음을 뜻해요. 자존감이 낮고, 자기 긍정감을 가지지 못하면 자신감이 없을 뿐만 아니라 어떤 일에 대해서도 의욕적으로 나서지 못합니다. '내가 할 수 있을 리가 없어'라고 생각하며 미리 포기하게 되지요. 더 나아가서는 삶의 의미나 가치를 느끼지 못하고 자해 행위까지 하게 되는 경우도 있어요.

장래에 대한 꿈과 희망으로 빛나야 할 10대가 자신을 싫어하고, 인생을 절망적으로 인식한다는 건 매우 슬픈 일이에요. 그래서 저는 어떻게든 도와주고 싶어요. 살아가는 일을 긍정적으로 생각했으면 좋겠어요. 그렇게 되려면 의식적으로 자신을 더 좋아하는 것이 가장 좋은 방법 아닐까요?

자존감과 자기 긍정감이 낮은 이유

왜 많은 10대들이 자존감과 자기 긍정감이 낮을까요? 그 이유를 생각하는 하나의 키워드가 바로 '자기 축'입니다.

자기 축이 약한 사람이 늘고 있습니다. 누구에게나 어린 시절의 자기 중심적인 세계에서 벗어나 객관적인 세계관을 가지고 자신과 타인이라는 개념이 싹트는 시기가 찾아옵니다. 흔히들 '10살의 벽'이라고 해요. 바로 이 시기부터 다른 사람과의 관계에서 자신의 중심이 되는 것, 즉 자기 축을 길러 나갑니다. 그런데 자신에 대한 부정적인 감정이 지나치게 강하면 불안이 과도해지고, 자신을 인정하고 긍정하는 마음의 기둥이 생기지 않아요. 어떤 일에 대한 판단을 타인에게 맡겨 버리는 습관이 들고 말지요. 4장에서 설명한 것처럼 '자기가 없는 상태'가 되는 거예요. 이런 유형은 점점 많아지고 있습니다.

또 하나의 키워드는 '협동심'입니다. 학교 생활을 하며 다른 사람들과 어울리다 보면 눈에 띄지 않는 게 좋겠다는 생각을 하게 되죠. 눈에 띄는 행동을 하면 '모난 돌이 정 맞는' 꼴이 되기도 쉽고요. 그래서 아니라고 생각해도 지적하기보다는 가능한 소란을 일으키지 않는 게 좋다고 생각하는 사람이 많아요. 다른 사람들과 멀어지게 될까 봐 걱정도 되고요. 점점 더 자기주장을 하기가 어려워지는 거죠.

자신과 타인을 구별할 줄 알고, 자기 축을 만들어 가야할 시기에 이렇게 생각하는 버릇이 들면 다른 사람과 다를까 봐 두려워하게 돼요. 자신의 개성을 표현하지 않는 게 무난하다고 생각해 남들에게 적당히 맞추는 성격이 되지요. 자신을 내보이지 못하는 것 또한 자기 축을 약하게 만듭니다. 자기 축이 약한 사람은 자기 자신에 대해 잘 몰라요. 그래서 자신을 좋아할 수 없는 것입니다.

인간다움은 울퉁불퉁함에서 나온다

자신을 좋아하지 못하는 사람은 자신의 부족한 부분에 엑스 표시를 하고 '이것도 엑스, 저것도 엑스, 온통 엑스네!' 라고 생각하기 때문에 자신을 싫어할 수밖에 없어요.

앞에서 장점과 단점은 동전의 양면이라는 말을 했습니다. 부정적인 면만 있는 사람은 없어요. 누구에게든 반드시 좋은 면이 있습니다. 좋은 면도 있고, 나쁜 면도 있는 게 인간이거든요. 다들 울퉁불퉁해요. 그 울퉁불퉁함이 인간다움이랍니다.

좋은 부분은 동그라미, 좋지 못한 부분은 엑스를 칠 것이 아니라 좋은 부분이나 좋지 못한 부분 모두 동그라미를 쳐 줍시다. 부족한 부분까지 모두 합쳐서 있는 그대로의 모습으로 충분하다고 생각하는 것이 자기 긍정감입니다. 물론 좋지 못한 부분은 감추고 싶기 마련이지요. 감추고 싶다는 것은 그것을 아직 받아들이지 못했다는 거예요.

자기 긍정감이 높은 사람의 특징

자기 긍정감이 높은 사람은 자신의 훌륭한 점을 굳이 어필하지 않습니다. 어떤 사람은 강한 척하기 위해 위험한 일을 하기도 하죠. 또 어떤 사람은 많은 친구를 둔 것과 어떤 친구와 친하다는 것을 자랑하고 싶어 합니다. 또 약한 부분은 감춘 채 누구에게도 지지 않는 강하고 이상적인 자신을 망상으로 부풀리는 사람도 있습니다. 이런 사람들은 자기 긍정감이 높다고 할 수 없어요. 자기 긍정감이 강한 사람은 오히려 강한 척하지 않고 자신의 약함을 그대로 드러내 보여요. 부족한 모습, 약한 모습을 감추려고 하지 않고 인정하지요. '부족해도 그게 바로 나야'라고 받아들이며 그런 모습을 감추지 않고 드러내는 사람이 진정한 의미의 자기 긍정감을 가진 사람입니다.

다른 사람들이 좋은 평가를 해 주지 않아도 괜찮아요. 여러분 자신이 스스로 인정해 주면 됩니다. 그렇게 현실의 나를 받아들이면 자신을 점점 좋아하게 될 겁니다.

혼자 있는 시간의 장점

다들 혼자가 되는 일을 무척 두려워합니다. 하지만 좋아하는 일, 하고 싶은 일에 몰두하고 있으면 혼자 있어도 전혀 외롭지 않아요. 예를 들어 취미로 그림을 그릴 때, 좋아하는 만화책을 읽을 때 등 무언가에 몰두하고 있을 때는 혼자 있는 일이 무섭거나 외롭지 않습니다. 다른 사람을 신경 쓰지 않게 되고, 더욱 집중해서 그 일을 하고 싶다고 생각하지요. 여러분이 푹 빠져들 수 있는 일은 무엇인가요? 자기 긍정감을 높이기 위한 힌트는 거기에도 있어요. 좋아하는 일에 열중할 때는 즐거워요. 혼자 있어도 외롭지 않고 하고 싶은 일이 자기 안에서 샘솟거든요. 그리고 그걸 마음껏 할 수 있죠. 즐거울 뿐만 아니라 보람도 느끼며, 자신감도 붙기 시작합니다. 그런 자신에게 만족할 수도 있고요. 이는 자기 긍정감을 높이는 중요한 포인트입니다.

혼자 있는 일은 고독한 일이 아니에요. 한 사람으로 자립하기 위해 꼭 필요한 과정입니다. 자기만의 세계를 가지고 있으면 여러분은 강해져요.

누가 시켜서가 아니라 자발적으로 그렇게 하고 싶다는

마음을 가지는 것이 중요합니다. 그러다 보면 자신의 의지로 결정하고, 스스로 극복하고, 자기 판단으로 해결하는 일이 늘어나요. 이런 경험이 쌓이면 마음은 더욱 강해집니다. 자기 마음의 기둥, 즉 자기 축이 점점 튼튼해지고 굵어집니다. 자기 축이 분명하면 다른 사람에게 들은 좋은 평가가 곧 자신이라고 생각하지 않습니다. 자신만의 기준을 가지고 스스로 판단하죠. 이러한 자기 축을 만들려면 혼자만의 시간을 소중히 하고, 그 시간을 즐기는 마음의 여유가 필요합니다.

'덕분에' 생각법으로 행복을 늘려 나가자

벽에 부딪혔다고 해서 괴로움에만 초점을 맞추고 있으면 한도 끝도 없습니다. '나는 ○○이 서툴러' '○○을 못해서 힘들어'라고 느끼는 현실의 뒤편에는 '이건 할 수 있어!'라는 긍정적인 부분이 반드시 있답니다. 그러니 긍정적인 부분을 평상시에 말로 "이건 ○○ 덕분이야"라고 표현하는 습관을 들여 봅시다. 예를 들어 볼까요? HSP처럼 매우 민감한 기질을 가지고 있으면 일상생활에서 고생하는 일이나 상처받는 일이 많겠지요. 하지만 그 민감함 '덕분에' 다른 사람이 알아차리지 못하는 것을 알아차린다는 장점이 있습니다. 또 HSP는 예술적인 기질이 있어서 무언가를 창조하는 분야에서 재능을 발휘하는 경우가 많습니다. 이것도 민감 기질로 태어난 '덕분'이라고 할 수 있어요.

민감함을 '괴로운 것' '부정적인 요소'라고 단정해 버리면 민감함 덕분에 할 수 있는 일에도 눈을 감고 말아요. 부족한 자신을 인정한다는 것은 부족한 부분을 외면하거나 그곳을 뚜껑으로 덮어 버리지 않는 거예요. 항상 '덕분에'를 생각하면 그 일로 인해서 행운이 찾아왔다고 받아들이게 됩니다. 그러면 자연스럽게 감사의 마음이 생기고, 자기 인생을 긍정할 수 있게 됩니다.

기립 조절 장애로 힘들어하던 시기에는 정말 괴로웠지만 학교에 가지 못하던 그 시기를 잘 극복한 덕분에 지금의 내가 이렇게 잘 살고 있다고 생각하면 어떨까요? 덕분이라고 받아들이면 어떤 일이든 긍정적으로 생각하기가 쉬워집니다.

은둔형 외톨이에서 벗어난 사람들은 "그 시간 덕분에 지금의 내가 있다고 생각하면 은둔형 외톨이로 지낸 시간 역시 소중하다고 느껴요"라고 입을 모아 말해요. 그들은 집에 틀어박혀 있어도 된다고 허락해 준 부모님에게 감사하고, 학교에 가지 않아도 공부할 수 있다는 사실을 알려 준 사람들에게 감사하다고 해요. 이처럼 덕분이라는 감각이 몸에 익으면 자연스럽게 자기 주변에 대한 감사의 마음이 솟아납니다.

이렇게 생각하는 이들은 모두 행복해졌습니다. 행복이란 누군가가 손에 쥐어 주는 게 아니에요. 기쁘고 즐겁다고 생각할 만한 일을 늘려 갈 때 비로소 손에 넣을 수 있어요. 그러니 이제 여러분도 자신을 좋아하기를 바랍니다. 'OO 덕분'이라고 말하는 횟수와 다행이라고 말하는 횟수를 늘려서 스스로 기쁨을 맛보고 행복을 손에 넣어 봅시다!

나가며

삶의 힘겨움은 반드시 변화시킬 수 있습니다. 달라지고 싶다고 생각하지만 달라지지 못하는 사람에게는 부족한 것이 하나 있습니다. 바로 자기 힘으로 변화시킬 수 있는 것과 변화시킬 수 없는 것을 구분하는 능력이에요. '작은 일 하나에도 신경 쓰며 끙끙 앓는 성격이 아니었더라면 일상을 좀 더 즐길 수 있었을 텐데' '부모님에게 사랑을 못 받고 있어. 나 같은 건 이 집에서 태어나지 말았어야 해' 이런 일로 불평한들 바꿀 수 없습니다. 타고난 기질이나 가정 환경은 주어진 거예요. 여러분의 힘으로 어떻게 할 수가 없어요. '바꿀 수 없는 부분'이지요.

그렇다면 이건 어떨까요? '작은 일인데도 신경이 쓰여. 하지만 혼자 끙끙 앓지 않을 거야.' 이렇게 생각할 수는 있어요. 끙끙 앓는 것은 마음의 버릇이기 때문에 자기 의지로 그만둘 수 있답니다. '더는 가족들에게 휘둘리고 싶지 않아. 고등학교를 졸업하면 집에서 나와 자취를 하자.' 독립하겠다는 결심도 자기 의지로 할 수 있지요.

힘들다고 느끼는 하나의 상황 안에는 바꿀 수 없는 부분과 바꿀 수 있는 부분이 섞여 있어요. 바꿀 수 없는 일에 대한 부정적인 감정이 강해지면 마음만 괴로워질 뿐입니다. 바꿀 수 없는 일로 고민할 것이 아니라 바꿀 수 있는 일을 의식해 보는 거예요. 내 의지나 노력으로 할 수 있는 일은 자기 축을 가질 때 비로소 알게 됩니다.

자신을 바꿔 나가는 데 필요한 다른 하나는 '용기'입니다. 새로운 자신을 만들려면 현재의 자신을 부숴야 해요. 어렸을 때 하던 놀이를 떠올려 볼까요? 모래놀이를 하든 블록 쌓기를 하든 지금 있는 것을 바꾸려면 이미 만들어진 것을 부숴야 하죠. 변화시키는 일은 두근거리는 일이기도 하지만 불안한 일이기도 해요. 따라서 '지금보다 더 힘든 일이 생길지도 몰라' '부끄러워할 일이 생길지도 몰라' '사람들에게 미움받게 될지도 몰라' 하는 두려움이 따르기 마련입니다. '나한테는 무리일지도' '지금 그대로 있는 편이 그나마 나은 걸지도 몰라' 하는 생각이 행동에 브레이크를 걸려고 할 테지요. 그럼에도 불구하고 망설이지 말고 새로운 상황과 마주하면 지금보다 더 밝은 내일이 올 거라고 믿으며 스스로 변화할 용기를 내야 합니다.

완전히 뒤집어질 정도로 자신을 뒤흔들어서 새로운 모습으로 변화하는 일을 저는 '대반전'이라고 불러요. 자신을 변화시킨다는 말은 진정한 자신이 되는 것, 목표로 하는 자신의 모습에 다가가는 것을 뜻합니다.

여러분에게는 미래가 있어요. 그러니 자신이 되고 싶은 모습을 그리면서 거기에 다가가기를 바랍니다. 우리 모두는 이 세상에 하나뿐인 꽃이에요. 자신만의 특성을 살려서 '나'라는 꽃을 피워 갑시다. 기운 없이 시든 꽃이 아니라 생기 넘치는 꽃을 피웁시다.

자, 용기를 내세요.

위를 바라보세요.

양팔을 벌리고, 크게 숨을 쉬어 보세요.

그리고 미소를 지어 보세요.

괜찮아, 너는 달라질 수 있어!

괜찮아, 너는 너를 지킬 수 있어!!

나가누마 무츠오